김준헌 · 왕혜경 공저

3
Step

완전 성공 중국어 Step 3

초판발행	2013년 8월 30일
1판 3쇄	2022년 4월 10일
저자	김준헌, 왕혜경
책임 편집	최미진, 가석빈, 엄수연, 高霞
펴낸이	엄태상
디자인	진지화
콘텐츠 제작	김선웅, 김현이, 유일환
마케팅	이승욱, 왕성석, 노원준, 조인선, 조성민
경영기획	마정인, 조성근, 최성훈, 정다운, 김다미, 오희연
물류	정종진, 윤덕현, 양희은, 신승진
펴낸곳	시사중국어사(시사북스)
주소	서울시 종로구 자하문로 300 시사빌딩
주문 및 교재 문의	1588-1582
팩스	0502-989-9592
홈페이지	http://www.sisabooks.com
이메일	book_chinese@sisadream.com
등록일자	1988년 2월 13일
등록번호	제1-657호

ISBN 978-89-7364-688-3 14720
978-89-7364-690-6(set)

* 이 책의 내용을 사전 허가 없이 전재하거나 복제할 경우 법적인 제재를 받게 됨을 알려 드립니다.
* 잘못된 책은 구입하신 서점에서 교환해 드립니다.
* 정가는 표지에 표시되어 있습니다.

머리말

중국어는 배우기 어렵다고 말하는 사람들이 있습니다. 틀린 말은 아니라고 생각합니다. 성조언어라는 중국어의 특성, 어렵게만 보이는 한자를 표기수단으로 삼는다는 점, 어순이 한국어와 다르다는 점 등, 여러 가지 요인으로 인하여 한국 사람들에게는 더욱 그렇게 느껴지는 것일지도 모릅니다. 그렇지만 훌륭한 선생님과 좋은 교과서를 가지고 열심히 그리고 꾸준히 공부한다면, 중국어만큼 마스터하기 쉬운 언어도 없습니다. 문제는 얼마나 많은 시간과 정열을 중국어에 투자할 수 있느냐입니다만.

저희들은 다른 중국어 교과서에서 채용한 적이 없는 다양한 새로운 시도를 통하여 학습자들이 중국어를 좀 더 효과적으로 습득할 수 있도록, 3년이 넘는 긴 시간을 이 교과서 시리즈 제작에 매달려왔습니다. 교과서는 한국인 남학생과 중국인 여학생의 만남, 성장, 졸업, 사회진출을 다루게 되며, 두 사람의 가족과 친구들까지도 교과서의 내용 전개에 큰 역할을 하게 됩니다.

각 교과서의 내용 전개와 문법 배치, 연습문제와 신HSK 시험과의 연계성 강화, 사용 단어의 난이도, 단계별 단어 개수 등은 모두 저자 두 사람이 학습자의 학습효과를 진지하게 고민하고 토의하여 결정하였습니다. 이 책으로 적어도 주 2회 2시간 이상 중국어를 꾸준히 공부해 보세요. 반드시 여러분이 원하는 결과를 얻게 될 것입니다.

'멈추어 있지 말라, 느리더라도 전진하는 것이 중요하다(不怕慢, 只怕站)'라는 중국 속담이 있습니다. 외국어 공부에 이보다 더 적합한 좌우명은 없지 않을까요!

왕혜경, 김준헌

이 책의 활용법

학습목표
각 과의 시작 부분에 무엇을 배울 것인지를 제시하였다.

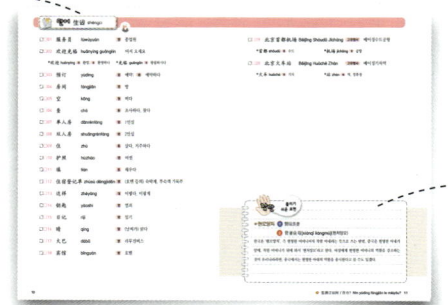

단어
본문에 나오는 새로운 단어를 본문에 나온 순서대로 정리하였고, 각 과당 적절한 학습량으로 조절하였다.

틀리기 쉬운 표현
한국어와 중국어 중에서 의미는 같지만, 다르게 표현하는 어휘를 알기 쉽게 설명해 놓았다.

문법
본문에 나오는 주요 문법을 최대한 간단명료하게 설명하였고, 이미 학습한 단어나 평이한 어휘만으로 예문을 만들어 학습자들이 쉽게 이해할 수 있도록 하였다.

본문❶
아주 쉽고 기본적인 실용회화를 바탕으로 본문 내용이 하나의 스토리로 전개되어 학습자들이 재미있고 쉽게 이해할 수 있도록 하였다. 보충 설명이 필요한 부분은 TIP을 통해 설명해 놓았다.

본문❷
본문❶에서 배운 내용을 일기 형식으로 정리하여 산문과 원고지 쓰는 방법을 함께 익힐 수 있도록 하였다.

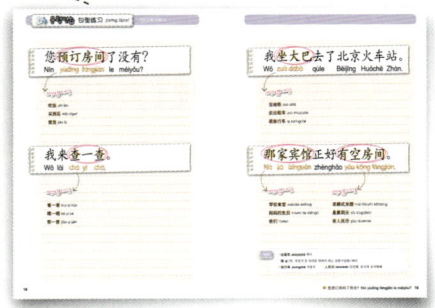

문형연습
중요한 문형은 문형연습을 통해 확실하게 익힐 수 있다. 주어진 단어로 바꾸어 연습하면서 자연스럽게 단어까지 익힐 수 있어서 학습하는데 큰 도움이 된다.

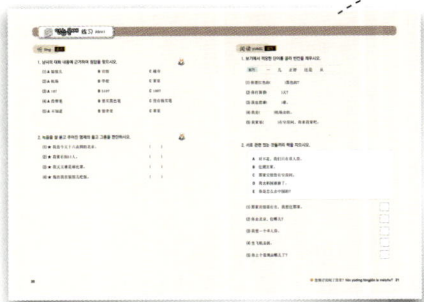

연습문제
앞에서 학습한 내용을 듣기, 읽기, 말하기, 쓰기로 나누어 복습할 수 있도록 하였다. 신HSK 시험과 동일한 문제 유형으로 출제하여 HSK 공부하는데 도움이 되도록 하였다. 특히 학습자들이 많이 어려워하는 중국어 듣기를 충분히 연습할 수 있도록 고심하여 만들었다.

중국 문화
사진과 간단한 설명을 통해 중국의 문화를 알아가고, 중국을 더 깊이 이해하는데 도움이 되도록 하였다.

워크북
각 과에서 학습한 내용을 충실히 연습할 수 있도록 다양한 내용으로 구성하였다. 특히 다양하고 특별한 듣기 연습 문제로 듣기 실력 향상에 도움이 되도록 하였다.

차례

머리말 3
이 책의 활용법 4
양사(명량사) 8

第一课 **您预订房间了没有？**
Nín yùdìng fángjiān le méiyǒu? 9
방은 예약 하셨습니까?

第二课 **我马上就去你那儿。**
Wǒ mǎshàng jiù qù nǐ nàr. 25
제가 당장 당신이 있는 곳으로 가겠습니다.

第三课 **路上发生了一起交通事故。**
Lùshang fāshēngle yì qǐ jiāotōng shìgù. 39
길에 교통사고가 발생했습니다.

第四课 **好吃是好吃，就是有点儿油腻。**
Hǎochī shì hǎochī, jiùshì yǒudiǎnr yóunì. 55
맛있기는 맛있지만, 약간 느끼한데요.

第五课 **让我看看。**
Ràng wǒ kànkan. 71
제가 좀 볼게요.

第六课 전반부 총복습 87

第七课 咱们一边吃一边聊吧。
Zánmen yìbiān chī yìbiān liáo ba. 95
우리 먹으면서 이야기합시다.

第八课 今年夏天比去年夏天热。
Jīnnián xiàtiān bǐ qùnián xiàtiān rè. 111
올 여름은 작년 여름보다 덥습니다.

第九课 特快票卖完了。
Tèkuài piào mài wán le. 127
특급열차표는 다 팔렸습니다.

第十课 我跟你一样。
Wǒ gēn nǐ yíyàng. 143
저는 당신과 같습니다.

第十一课 要是坐不上，就回不了家了。
Yàoshi zuò bu shàng, jiù huí bu liǎo jiā le. 159
만약에 타지 못하면 집으로 돌아갈 수 없습니다.

第十二课 후반부 총복습 175

듣기원문 및 연습문제 정답 184
본문해석 195
병음색인 200
단어색인 208

양사 (명량사)

1	把 bǎ	자루	손잡이가 있는 물건(우산, 칼, 의자 등)을 세는 양사	一把雨伞 一把椅子 一把刀
2	杯 bēi	잔, 컵	컵에 담긴 음료를 세는 양사	一杯咖啡 一杯茶 一杯水
3	本 běn	권	책을 세는 양사	一本书 一本词典 一本杂志
4	顿 dùn	끼니	끼니를 세는 양사	一顿饭
5	封 fēng	통	편지를 세는 양사	一封信
6	个 gè	개, 명	사람 혹은 일반적인 사물에 널리 쓰이며, 추상적인 개념에도 사용 되는 양사	一个人 一个西瓜 一个问题
7	件 jiàn	벌, 장, 점	옷 등을 세는 양사	一件衬衫 一件衣服 一件大衣
8	辆 liàng	대	자동차 혹은 자전거와 같이 바퀴가 달린 교통수단을 세는 양사	一辆公共汽车 一辆汽车 一辆自行车
9	瓶 píng	병	병에 담긴 액체를 세는 양사	一瓶啤酒 一瓶汽水 一瓶水
10	条 tiáo	장, 줄기	강, 길, 끈, 바지 등 길고 가느다란 것을 세는 양사	一条裤子 一条街
		마리	(북방 방언에서) 동물을 세는 양사	一条狗
11	碗 wǎn	그릇	공기 그릇에 담긴 음식을 세는 양사	一碗米饭 一碗汤
12	位 wèi	분	사람을 셀 때 사용하는 존경형 양사	一位老师 一位小姐 一位客人
13	张 zhāng	장	종이, 침대, 책상 등 평평한 면을 가진 물건을 세는 양사	一张邮票 一张床 一张桌子
14	只 zhī	마리	작은 동물을 세는 양사	一只狗 / 一只猫
		짝	쌍을 이루는 것의 한 쪽을 세는 양사	一只手 / 一只鞋
15	枝 zhī	자루, 개피, 정	펜, 담배, 총처럼 가는 원통형의 물건을 세는 양사	一枝笔 一枝烟 一枝枪

第一课

您预订房间了没有?
Nín yùdìng fángjiān le méiyǒu?

학습목표

정반의문문(2)
您预订房间了没有? Nín yùdìng fángjiān le méiyǒu?

부사 '还[hái]'의 용법(2)
还有空房间吗? Hái yǒu kōng fángjiān ma?

동사 '来[lái]'의 특수용법 我来查一查。Wǒ lái chá yi chá.

동사의 중첩(2) 查一查。 Chá yi chá.

평서문 + '行吗[xíng ma]?'의 용법
这样填，行吗? Zhèyàng tián, xíng ma?

연동문과 '了₁[le]' 我坐大巴去了北京火车站。
Wǒ zuò dàbā qùle Běijīng huǒchēzhàn.

숫자 말하기 5107号 wǔ yāo líng qī hào

단어 生词 shēngcí

□□ 01	服务员	fúwùyuán	명	종업원
□□ 02	欢迎光临	huānyíng guānglín		어서 오세요

  *欢迎 huānyíng 명 환영; 동 환영하다   *光临 guānglín 동 왕림하시다

□□ 03	预订	yùdìng	명 예약; 동	예약하다
□□ 04	房间	fángjiān	명	방
□□ 05	空	kōng	형	비다
□□ 06	查	chá	동	조사하다, 찾다
□□ 07	单人房	dānrénfáng	명	1인실
□□ 08	双人房	shuāngrénfáng	명	2인실
□□ 09	住	zhù	동	살다, 거주하다
□□ 10	护照	hùzhào	명	여권
□□ 11	填	tián	동	채우다
□□ 12	住宿登记单	zhùsù dēngjìdān	명	(호텔 등의) 숙박계, 투숙객 기록부
□□ 13	这样	zhèyàng	대	이렇다, 이렇게, 이런
□□ 14	钥匙	yàoshi	명	열쇠
□□ 15	日记	rìjì	명	일기
□□ 16	晴	qíng	형	(날씨가) 맑다
□□ 17	大巴	dàbā	명	리무진버스
□□ 18	宾馆	bīnguǎn	명	호텔

☐☐ 19 北京首都机场 Běijīng Shǒudū Jīchǎng 고유명사 베이징수도공항

*首都 shǒudū 명 수도   *机场 jīchǎng 명 공항

☐☐ 20 北京火车站 Běijīng huǒchēzhàn 고유명사 베이징기차역

*火车 huǒchē 명 기차   *站 zhàn 명 역, 정류장

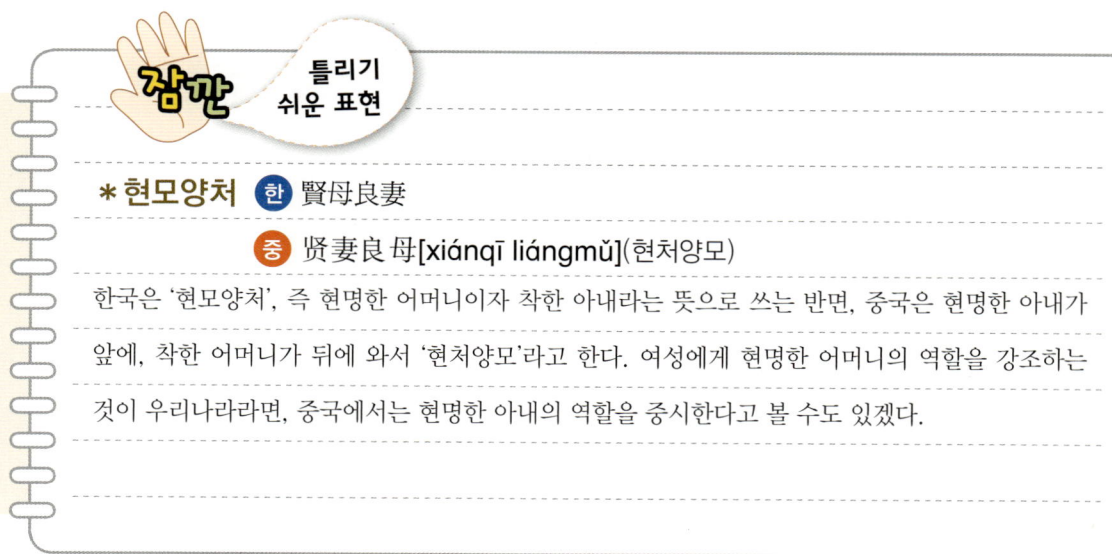

잠깐 틀리기 쉬운 표현

* **현모양처** 한 賢母良妻

  중 贤妻良母 [xiánqī liángmǔ] (현처양모)

한국은 '현모양처', 즉 현명한 어머니이자 착한 아내라는 뜻으로 쓰는 반면, 중국은 현명한 아내가 앞에, 착한 어머니가 뒤에 와서 '현처양모'라고 한다. 여성에게 현명한 어머니의 역할을 강조하는 것이 우리나라라면, 중국에서는 현명한 아내의 역할을 중시한다고 볼 수도 있겠다.

❶ 您预订房间了没有? Nín yùdìng fángjiān le méiyǒu?

문법 语法 yǔfǎ

1 정반의문문(2)

'了[le]'를 포함하는 문장이나 경험(동사 + '过[guo]')을 표시하는 문장은 끝에 '没有[méiyǒu]'를 덧붙혀 정반의문문을 만들 수 있다.

> **어순** 了[le]를 포함하는 문장/ 경험(동사 + 过[guo] + ……) + 没有[méiyǒu]

你听到她的消息了　　　　　　　　没有?
Nǐ tīng dào tā de xiāoxi le　　　méiyǒu?

- 你学过法语没有? Nǐ xuéguo Fǎyǔ méiyǒu?

참고 정반의문문(1): step1 제4과 (61쪽)

2 부사 '还[hái]'의 용법(2)

'아직'이라는 뜻으로, 동작이나 상태가 여전히 지속되고 있음을 나타낸다.

- 他还在教室里上课。Tā hái zài jiàoshì li shàng kè.
- 我还没去过中国。Wǒ hái méi qùguo Zhōngguó.
- 雨还下呢。Yǔ hái xià ne.

참고 부사 '还[hái]'의 용법(1): step2 제8과 (92쪽)

3 동사 '来[lái]'의 특수용법

다른 동사(구)의 앞에 쓰여서 해당 동사의 동작을 적극적으로 수행하고자 하는 주어의 의지를 나타낸다.

> **어순** 来[lái] + 동사(구)

我　来　说两句。
Wǒ　lái　shuō liǎng jù.

- 我来拿。Wǒ lái ná.

단어
- 消息 xiāoxi 뉴스, 소식
- 法语 Fǎyǔ 프랑스어
- 教室 jiàoshì 교실
- 上课 shàng//kè 수업하다
- 句 jù 문장 혹은 시(詩)의 구절을 세는 양사
- 拿 ná (손으로) 들다, 집다

4 동사의 중첩(2)

중첩된 단음절 동사의 사이에 수사 '一[yi]'를 삽입하여 동사의 동작을 '한 번 해보다', '짧은 시간 하다' 혹은 '시험 삼아 해보다'는 뜻을 좀 더 확실하게 나타낼 수 있다. 이때, '一'는 경성 '[yi]'로 발음하여야 한다.

> **어순** 단음절 동사 + 一[yi] + 단음절 동사

你 尝 一 尝 吧。
Nǐ cháng yi cháng ba.

- 你听一听她的声音。Nǐ tīng yi tīng tā de shēngyīn.
- 你在这儿等一等。Nǐ zài zhèr děng yi děng.

참고 동사의 중첩(1): step1 제9과 (116쪽)

5 평서문 + '行吗[xíng ma]?'의 용법

상대방에게 자신의 의견, 제안, 추측을 제시하거나 확인을 요구하는 부가의문문을 만든다.

> **어순** 평서문 + 行吗[xíng ma]?

我去你家, 行吗?
Wǒ qù nǐ jiā, xíng ma?

- 我不喝牛奶，行吗? Wǒ bù hē niúnǎi, xíng ma?
- 这样做，行吗? Zhèyàng zuò, xíng ma?

단어 □ 尝 cháng 맛보다   □ 听 tīng 듣다   □ 声音 shēngyīn 목소리   □ 牛奶 niúnǎi 우유

---

1. · 당신은 그녀의 소식을 들었습니까?
   · 당신은 프랑스어를 배운 적이 있습니까?

2. · 그는 아직 교실에서 수업을 하고 있습니다.
   · 나는 아직 중국에 간 적이 없습니다.
   · 비가 아직도 내리고 있습니다.

3. · 제가 한두 마디 하겠습니다.
   · 제가 들겠습니다.

4. · 맛 좀 보세요.
   · 그녀의 목소리를 좀 들어보세요.
   · 여기서 좀 기다리세요.

5. · 내가 당신 집에 가도 됩니까?
   · 내가 우유를 먹지 않아도 됩니까?
   · 이렇게 하면 됩니까?

❶ 您预订房间了没有? Nín yùdìng fángjiān le méiyǒu?

6 연동문과 '了₁[le]'

두 개(이상)의 동사를 포함하는 연동문에서 완료를 표시하는 조사 '了₁[le]'는 마지막 동사의 바로 뒤에 붙는다.

> **어순** 주어 + 동사₁ + 목적어₁ + 동사₂ + 了₁[le] + 목적어₂

昨天　我们　去　商店　买　了　些东西。
Zuótiān wǒmen qù shāngdiàn mǎi le xiē dōngxi.

- 他骑自行车来了我家。Tā qí zìxíngchē láile wǒ jiā.
- 我用我的钱买了一本杂志。Wǒ yòng wǒ de qián mǎile yì běn zázhì.

참고 연동문(1) : step1 제11과 (140쪽)
연동문(2) : step1 제12과 (152쪽)

7 숫자 말하기

호텔의 룸 넘버 혹은 아파트의 호수, 전화번호, 주소 등 상대방에게 정확하게 전달해야 하는 숫자는 하나하나 떼어서 발음한다. 이때, '一[yī]'는 '七[qī]'와의 혼동을 피하기 위하여 특별히 '[yāo]'로 발음한다.

- 룸 넘버: 2016호 èr líng yāo liù hào
- 전화번호: 012-123-4567　líng yāo èr yāo èr sān sì wǔ liù qī

단어
- 商店 shāngdiàn 상점
- 骑 qí (말, 자전거 등 다리를 벌려서 타는 교통수단을) 타다
- 自行车 zìxíngchē 자전거
- 杂志 zázhì 잡지

6　· 어제 우리들은 상점에 물건들을 사러 갔습니다.
　· 그는 자전거를 타고 우리 집에 왔습니다.
　· 나는 내 돈으로 잡지를 한 권 샀습니다.

7　· 2016호실
　· 012-123-4567

본문 课文 kèwén

1 경민은 방학을 맞이하여 중국과 중국어를 직접 체험해 보려는 목적을 가지고 베이징에 왔다. 우선 숙소부터 정해야겠다는 생각에 베이징역 근처의 조그만 호텔에 들어선다.

服务员　欢迎光临! 您预订房间了没有?
Fúwùyuán　Huānyíng guānglín! Nín yùdìng fángjiān le méiyǒu?

金景民　没有预订，还有空房间吗?
Jīn Jǐngmín　Méiyǒu* yùdìng, hái yǒu* kōng fángjiān ma?

服务员　我来查一查。您要单人房还是双人房?
Fúwùyuán　Wǒ* lái chá yi chá. Nín yào dānrénfáng háishi shuāngrénfáng?

金景民　要单人房。
Jīn Jǐngmín　Yào dānrénfáng.

服务员　有。您住几天?
Fúwùyuán　Yǒu. Nín zhù jǐ* tiān?

金景民　住三天。这是我的护照。
Jīn Jǐngmín　Zhù sān tiān. Zhè shì wǒ* de hùzhào.

*：원래 제3성의 한자이지만 변조현상에 의해 제2성으로 발음되는 경우 　 색으로 표시하였다.
*：원래 제3성의 한자이지만 변조현상에 의해 반3성으로 발음되는 경우 　 색으로 표시하였다.
(제3성은 말하는 속도나 의미에 따라 다르게 발음될 수 있다. 이 책에서는 일반적인 성조 변화대로 표시하였다.)

새로 나온 단어

服务员	fúwùyuán	종업원	空	kōng	비다
欢迎光临	huānyíng guānglín	어서 오세요	查	chá	조사하다, 찾다
*欢迎	huānyíng	환영; 환영하다	单人房	dānrénfáng	1인실
*光临	guānglín	왕림하시다	双人房	shuāngrénfáng	2인실
预订	yùdìng	예약; 예약하다	住	zhù	살다, 거주하다
房间	fángjiān	방	护照	hùzhào	여권

服务员 Fúwùyuán	请填一下住宿登记单。 Qǐng tián yíxià zhùsù dēngjìdān.

> '这样(zhèyàng)'은 주로 동사(구)의 앞에서 수단이나 방법을 지시하는 느낌으로 '이렇게'라는 뜻을 나타낸다.
> 예) 你不应该这样做!
> 　　Nǐ bù yīnggāi zhèyàng zuò!

金景民 Jīn Jǐngmín	这样填，行吗？ Zhèyàng tián, xíng ma?

服务员 Fúwùyuán	行。您的房间是5107号，这是钥匙。 Xíng. Nín de fángjiān shì wǔ yāo líng qī hào, zhè shì yàoshi.

金景民 Jīn Jǐngmín	谢谢！ Xièxie!

새로 나온 단어

填	tián	채우다
住宿登记单	zhùsù dēngjìdān	(호텔 등의) 숙박계, 투숙객 기록부
这样	zhèyàng	이렇다, 이렇게, 이런
钥匙	yàoshi	열쇠

❷ 日记 Rìjì

| 日期 Rìqī | 七月一日 qī yuè yī rì 星期一 xīngqīyī | 天气 Tiānqì | 晴 qíng |

今天下午两点我到了北京。我从北京首都机场坐大巴去了北京火车站。我在北京火车站附近找了一家宾馆。这家宾馆正好有空房间。我打算先在这儿住几天。

Jīntiān xiàwǔ liǎng diǎn wǒ dàole Běijīng. Wǒ cóng Běijīng Shǒudū Jīchǎng zuò dàbā qùle Běijīng huǒchēzhàn. Wǒ zài Běijīng huǒchēzhàn fùjìn zhǎole yì jiā bīnguǎn. Zhè jiā bīnguǎn zhènghǎo yǒu kōng fángjiān. Wǒ dǎsuan xiān zài zhèr zhù jǐ tiān.

새로 나온 단어

日记	rìjì	일기
晴	qíng	(날씨가) 맑다
大巴	dàbā	리무진버스
宾馆	bīnguǎn	호텔
*首都	shǒudū	수도
*机场	jīchǎng	공항
北京火车站	Běijīng huǒchēzhàn	베이징기차역
*火车	huǒchē	기차
*站	zhàn	역, 정류장

고유명사
北京首都机场 Běijīng Shǒudū Jīchǎng 베이징수도공항

❶ 您预订房间了没有? Nín yùdìng fángjiān le méiyǒu?

문형연습 句型练习 jùxíng liànxí　기본문형 익히기

您预订房间了没有?
Nín yùdìng fángjiān le méiyǒu?

바꿔 봅시다!

吃饭 chī fàn

买西瓜 mǎi xīguā

剪发 jiǎn fà

我来查一查。
Wǒ lái chá yi chá.

바꿔 봅시다!

看一看 kàn yi kàn

喝一喝 hē yi hē

剪一剪 jiǎn yi jiǎn

我坐大巴去了北京火车站。
Wǒ zuò dàbā qùle Běijīng Huǒchē Zhàn.

바꿔 봅시다!

坐地铁 zuò dìtiě

坐出租车 zuò chūzūchē

骑自行车 qí zìxíngchē

那家宾馆正好有空房间。
Nà jiā bīnguǎn zhènghǎo yǒu kōng fángjiān.

바꿔 봅시다! **바꿔 봅시다!**

学校食堂 xuéxiào shítáng 卖韩式米肠 mài Hánshì mǐcháng

妈妈的生日 māma de shēngrì 是星期天 shì xīngqītiān

他们 tāmen 有人民币 yǒu rénmínbì

단어
- 出租车 chūzūchē 택시
- 骑 qí (말, 자전거 등 다리를 벌려서 타는 교통수단을) 타다
- 自行车 zìxíngchē 자전거
- 人民币 rénmínbì 인민폐, 중국의 공식화폐

❶ 您预订房间了没有? Nín yùdìng fángjiān le méiyǒu?

연습문제 练习 liànxí

听 tīng 듣기

1. 남녀의 대화 내용에 근거하여 정답을 찾으시오.

   (1) **A** 饭馆儿　　　　　**B** 宾馆　　　　　**C** 超市

   (2) **A** 机场　　　　　　**B** 学校　　　　　**C** 家里

   (3) **A** 107　　　　　　　**B** 5107　　　　　**C** 1007

   (4) **A** 没带笔　　　　　**B** 要买黑色笔　　**C** 没有钱买笔

   (5) **A** 不知道　　　　　**B** 宿舍里　　　　**C** 家里

2. 녹음을 잘 듣고 주어진 명제의 옳고 그름을 판단하시오.

   (1) ★ 我是今天十六点到的北京。　　　　　　(　　)

   (2) ★ 我家有四口人。　　　　　　　　　　　(　　)

   (3) ★ 我天天看足球比赛。　　　　　　　　　(　　)

   (4) ★ 现在我在饭馆儿吃饭。　　　　　　　　(　　)

阅读 yuèdú 읽기

1. 보기에서 적당한 단어를 골라 빈칸을 채우시오.

   보기　　一　　几　　正好　　还是　　从

   (1) 你要红色的(　　)黑色的？

   (2) 你打算借(　　)天？

   (3) 我也想看(　　)看。

   (4) 我是(　　)机场去的。

   (5) 我家里(　　)有空房间，你来我家吧。

2. 서로 관련 있는 것들끼리 짝을 지으시오.

   A　对不起，我们只有双人房。
   B　住朋友家。
   C　那家宾馆没有空房间。
   D　我去韩国旅游了。
   E　你是怎么去中国的？

   (1) 那家宾馆很有名，我想住那家。　　□

   (2) 你去北京，住哪儿？　　□

   (3) 我要一个单人房。　　□

   (4) 坐飞机去的。　　□

   (5) 你上个星期去哪儿了？　　□

说 shuō 말하기

다음 질문에 답하시오.

(1) 你住过宾馆没有?

→ _____

(2) 你坐过火车没有?

→ _____

(3) 你昨天剪发了没有?

→ _____

(4) 今天天气晴还是阴?

→ _____

(5) 首尔火车站附近有没有宾馆?

→ _____

단어 　□ 首尔 Shǒu'ěr 서울

写 xiě 쓰기

1. 주어진 단어를 중국어의 어순에 맞게 다시 배열하시오.

(1) 是 / 护照 / 的 / 这 / 我

→ _____

(2) 三 / 住 / 我 / 这儿 / 天 / 在

→ _____

(3) 那 / 房间 / 宾馆 / 吗 / 有 / 家 / 空 / 还

→ _____

(4) 从 / 坐 / 回家 / 大巴 / 机场 / 我

→ _____

2. 다음을 중국어로 작문하시오.

(1) 어서 오십시오!

   →_____

(2) 이렇게 채우면 됩니까?

   →_____

(3) 그 호텔에는 마침 빈 방이 있습니다.

   →_____

(4) 저는 이틀 동안 머무를 생각입니다.

   →_____

(5) 저는 베이징 수도 공항에서 리무진버스를 타고 베이징 기차역에 갈 생각입니다.

   →_____

중국 문화 1

'高考[gāokǎo]' : 중국의 대학입시

중국의 고등학생들은 대학에 가기 위하여 '全国普通高等学校招生统一考试[quánguó pǔtōng gāoděng xuéxiào zhāoshēng tǒngyī kǎoshì]', 줄여서 '高考[gāokǎo]'라고 하는 대학 입학 시험을 치른다. 여기에서 '高等学校[gāoděng xuéxiào]'는 우리말 한자음으로는 '고등학교'라고 읽히지만, 중국의 학제에서는 '대학'을 뜻한다. 중국에서 '小学[xiǎoxué]'는 우리의 초등학교, '中学[zhōngxué]'는 중고등학교를 뜻하고, 중학교와 고등학교를 분리하여 표현할 때는 각각 '初中[chūzhōng]', '高中[gāozhōng]'이라고 부른다.

'高考' 응시생은 매년 900만 명 정도인데, 전국의 대학 입학 정원이 대략 600만 명쯤 되니까 매년 적어도 300만 명은 진학에 실패하게 된다. 시험은 이틀(매년 6월7, 8일)에 걸쳐 실시하게 되는데, 첫째 날 오전에 '语文[yǔwén](어문)', 오후에 '数学[shùxué](수학)', 둘째 날 오전에 '文科综合[wénkē zōnghé](문과종합)/ 理科综合[lǐkē zōnghé](이과종합)', 오후에 '外语[wàiyǔ](외국어)'를 본다. 과목당 '150점' 만점인데, '정치, 지리, 역사'를 테스트하는 '文科综合'와 '물리, 화학, 생물'을 치르는 '理科综合'에 '300점'이 배정되기 때문에, 총점은 '750점'이다. 이름이 전국통일시험이기는 하지만, 특별시와 성(省)별로 출제문제가 조금씩 다르기 때문에 전국 수석이라는 개념은 없다. 게다가 '주관식' 문제가 많아서 '만점'을 받은 학생이 있었다는 말은 들어보지 못했다. 다만, 유명 대학의 경우, 수석합격자와 점수를 공개하기 때문에 매년 화제의 합격생이 탄생하기도 한다. 참고로 베이징대학 수석 합격자의 '高考' 점수는 예년의 경우, '690점'에서 '700점' 사이에서 결정된다고 한다.

第二课

我马上就去你那儿。

Wǒ mǎshàng jiù qù nǐ nàr.

학습목표

부사 '再[zài]'와 '又[yòu]'의 비교

부사 '就[jiù]'와 '才[cái]'의 비교

명사의 장소화(1)
我马上就去你那儿。Wǒ mǎshàng jiù qù nǐ nàr.

결과보어 '好[hǎo]'의 용법
我们约好今天下午见面。
Wǒmen yuē hǎo jīntiān xiàwǔ jiàn miàn.

단어 生词 shēngcí

- □□ 01 请问 qǐngwèn 실례합니다, 말씀 좀 여쭙겠습니다
- □□ 02 洗手间 xǐshǒujiān 명 화장실
  - *洗 xǐ 동 씻다   *手 shǒu 명 손
- □□ 03 打 dǎ 동 (전화를) 걸다
- □□ 04 接 jiē 동 받다
- □□ 05 好久不见 hǎojiǔ bújiàn 오래간만이다
  - *好久 hǎojiǔ (시간이) 오래다   *不见 bújiàn 만나지 않다
- □□ 06 哎呀 āiyā 감 놀라움, 기쁨, 괴로움, 고통 등을 나타내는 감탄사
- □□ 07 大前天 dàqiántiān 명 그저께의 전날, 그그저께
- □□ 08 才 cái 부 겨우, 비로소
- □□ 09 空(儿) kòng(r) 명 틈, 짬, 겨를
- □□ 10 马上 mǎshàng 부 곧, 금방
- □□ 11 多云 duōyún (날씨가) 조금 흐리다, 구름이 많다
- □□ 12 第一次 dì yī cì 최초, 처음, 첫 번째
- □□ 13 约 yuē 동 약속하다

문법 语法 yǔfǎ

1 부사 '再[zài]'와 '又[yòu]'의 비교

㉮ 부사 '再[zài]'의 용법

'다시', '또'라는 뜻으로, 동일한 동작 혹은 상태가 앞으로 반복되거나 계속됨을 나타낸다. 주로 앞으로 발생할 일에 쓰인다.

- 请再说一遍。Qǐng zài shuō yí biàn.
- 下午再开会吧。Xiàwǔ zài kāi huì ba.
- 明天再来吧。Míngtiān zài lái ba.

㉯ 부사 '又[yòu]'의 용법

'또(한)'이라는 뜻으로, 동일한 동작이 다시 한 번 발생하였음을 나타낸다. 주로 이미 발생한 일에 쓰인다.

- 她昨天来过，今天又来了。Tā zuótiān láiguo, jīntiān yòu lái le.
- 她又生气了。Tā yòu shēng qì le.
- 妈妈，爸爸又喝酒了。Māma, bàba yòu hē jiǔ le.

2 부사 '就[jiù]'와 '才[cái]'의 비교

㉮ 부사 '就[jiù]'의 용법

'곧', '바로', '벌써'라는 뜻으로, 동작이 예상보다 조금 이른 시각에, 순조롭고 자연스럽게 이루어짐을 나타낸다.

- 九点上课，他八点半就来了。Jiǔ diǎn shàng kè, tā bā diǎn bàn jiù lái le.
- 我们一年前就认识了。Wǒmen yì nián qián jiù rènshi le.

㉯ 부사 '才[cái]'의 용법

'겨우', '비로소'라는 뜻으로, 동작이 예정보다 늦은 시각에, 순조롭지 않게 이루어짐을 나타낸다.

- 九点上课，他九点半才来。Jiǔ diǎn shàng kè, tā jiǔ diǎn bàn cái lái.
- 我现在有事儿，下午才能去。Wǒ xiànzài yǒu shìr, xiàwǔ cái néng qù.

단어
- 遍 biàn 어떤 동작이 처음부터 끝까지 행해지는 전과정을 하나의 단위로 세는 동량사. 번, 회
- 开会 kāi//huì 회의하다, 회의를 개최하다
- 生气 shēng//qì 화나다, 화내다
- 酒 jiǔ 술
- 上课 shàng//kè 수업하다

❷ 我马上就去你那儿。Wǒ mǎshàng jiù qù nǐ nàr.

3 명사의 장소화(1)

장소의 의미를 가지지 않는 구체적인 명사(주로 사람) 혹은 인칭대명사의 바로 뒤에 '这儿[zhèr]·这里[zhèli] 혹은 '那儿[nàr]·那里[nàli]'를 써서 그 사람(사물)이 있는 장소를 나타낼 수 있다.

> **어순** 명사/인칭대명사 + 这儿[zhèr]·这里[zhèli]/那儿[nàr]·那里[nàli]

| 我们 | 这儿 | 没有中韩词典。 |
| Wǒmen | zhèr | méiyǒu Zhōng-Hán cídiǎn. |

- 我下了课，要去我弟弟那儿。 Wǒ xiàle kè, yào qù wǒ dìdi nàr.
- 他们都正在王老师那儿休息呢。 Tāmen dōu zhèngzài Wáng lǎoshī nàr xiūxi ne.

4 결과보어 '好[hǎo]'의 용법

동사의 동작이 만족스러운 상태에 도달한 채로 완료되었음을 나타낸다.

- 自行车修理好了。 Zìxíngchē xiūlǐ hǎo le.
- 妈妈，早饭做好了吗？ Māma, zǎofàn zuò hǎo le ma?
- 我还没想好呢。 Wǒ hái méi xiǎng hǎo ne.

참고 '동사 + 결과보어(형용사)'의 용법(1)：step2 제10과 (116쪽)

단어
- 词典 cídiǎn 사전
- 下课 xià//kè 수업을 마치다
- 自行车 zìxíngchē 자전거
- 修理 xiūlǐ 수리하다, 고치다
- 早饭 zǎofàn 아침밥, 아침식사

---

1 가.
- 다시 한 번 말씀해 주세요.
- 오후에 다시 회의를 개최합시다.
- 내일 다시 오세요.

나.
- 그녀는 어제 왔었는데, 오늘 또 왔습니다.
- 그녀가 또 화났습니다.
- 엄마, 아빠가 또 술 마셨어요.

2 가.
- 9시에 수업하는데, 그는 8시 반에 벌써 왔습니다.
- 우리는 1년 전에 벌써 (서로) 알았습니다.

나.
- 9시에 수업하는데, 그는 9시 반이 되어서야 비로소 왔습니다.
- 내가 지금 볼일이 있어서 오후가 되어서야 겨우 갈 수 있습니다.

3
- 우리가 있는 곳에는 중한사전이 없습니다.
- 나는 수업이 끝나면 내 동생이 있는 곳으로 갈 겁니다.
- 그들은 모두 왕 선생님께서 계신 곳에서 쉬고 있습니다.

4
- 자전거는 잘 수리됐습니다.
- 엄마, 아침밥은 다 됐어요?
- 나는 아직 생각이 다 정리되지 않았습니다.

본문 课文 kèwén

1 베이징에 도착한 지 나흘째로 접어든 아침, 경민은 방학이 되면 베이징의 고향집에 쭉 있을 예정이라고 말하던 리리에게 연락해 보기로 한다.

金景民 喂, 我叫金景民, 是王莉莉的朋友。
Jīn Jǐngmín Wéi, wǒ jiào Jīn Jǐngmín, shì Wáng Lìli de péngyou.

请问, 王莉莉在吗?
Qǐngwèn, Wáng Lìli zài ma?

王妈妈 她在洗手间。你一会儿再打吧。
Wáng māma Tā zài xǐshǒujiān. Nǐ yíhuìr zài dǎ ba.

(리리의 집, 10분 뒤에 다시 전화벨이 울린다)

王妈妈 莉莉, 又来电话了, 你去接吧。
Wáng māma Lìli, yòu lái diànhuà le, nǐ qù jiē ba.

王莉莉 喂, 我是王莉莉。
Wáng Lìli Wéi, wǒ shì Wáng Lìli.

金景民 你好。我是金景民。好久不见。
Jīn Jǐngmín Nǐ hǎo. Wǒ shì Jīn Jǐngmín. Hǎojiǔ bújiàn.

새로 나온 단어

请问	qǐngwèn	실례합니다, 말씀 좀 여쭙겠습니다
洗手间	xǐshǒujiān	화장실
*洗	xǐ	씻다
*手	shǒu	손
打	dǎ	(전화를) 걸다
接	jiē	받다
好久不见	hǎojiǔ bújiàn	오래간만이다
*好久	hǎojiǔ	(시간이) 오래다
*不见	bújiàn	만나지 않다

❷ 我马上就去你那儿。Wǒ mǎshàng jiù qù nǐ nàr.

王莉莉	哎呀，好久不见！你来北京了吗？	
Wáng Lìli	Āiyā, hǎojiǔ bújiàn! Nǐ lái Běijīng le ma?	

金景民	对，我是大前天来的。	
Jīn Jǐngmín	Duì, wǒ shì dàqiántiān lái de.	

王莉莉	你怎么今天才给我打电话呀？	
Wáng Lìli	Nǐ zěnme jīntiān cái gěi wǒ dǎ diànhuà ya?	

金景民	对不起。对了，你今天有空儿吗？	
Jīn Jǐngmín	Duìbuqǐ. Duì le, nǐ jīntiān yǒu kòngr ma?	

王莉莉	有哇。我马上就去你那儿。	
Wáng Lìli	Yǒu wa. Wǒ mǎshàng jiù qù nǐ nàr.	

Tip

'对了[duì le]'에는 두 가지 뜻이 있다.
❶ 상대방의 의견을 듣고 그 말에 찬성한다는 느낌으로 맞장구 치는 '맞습니다, 그렇습니다'는 뜻
❷ 갑자기 어떤 생각이나 아이디어가 떠올랐을 때 혼잣말처럼 말하는 '참, 그렇지'라는 뜻
→ 여기서는 ❷의 뜻으로 쓰였다.

새로 나온 단어

哎呀	āiyā	놀라움, 기쁨, 괴로움, 고통 등을 나타내는 감탄사	才	cái	겨우, 비로소
			空(儿)	kòng(r)	틈, 짬, 겨를
大前天	dàqiántiān	그저께의 전날, 그그저께	马上	mǎshàng	곧, 금방

❷ 日记 Rìjì

日期　七月四日　星期四　　　天气　多云
Rìqī　qī yuè sì rì　xīngqīsì　　Tiānqì　duōyún

今天我给王莉莉打了两次电话。
Jīntiān wǒ gěi Wáng Lìli dǎle liǎng cì diànhuà.
第一次是她妈妈接的。她妈妈说王
Dì yī cì shì tā māma jiē de. Tā māma shuō Wáng
莉莉在洗手间，不能接电话。一会
Lìli zài xǐshǒujiān, bù néng jiē diànhuà. Yíhuì-
儿我又给她打了电话，这次是王莉
r wǒ yòu gěi tā dǎle diànhuà, zhè cì shì Wáng Lì-
莉接的。我们约好今天下午见面。
li jiē de. Wǒmen yuēhǎo jīntiān xiàwǔ jiàn miàn.

| 多云 | duōyún | (날씨가) 조금 흐리다, 구름이 많다 | 约 | yuē | 약속하다 |
| 第一次 | dì yī cì | 최초, 처음, 첫 번째 | | | |

❷ 我马上就去你那儿。Wǒ mǎshàng jiù qù nǐ nàr.

 문형연습 句型练习 jùxíng liànxí　　기본문형 익히기

你一会儿再打吧。
Nǐ　yíhuìr　　zài dǎ ba.

바꿔 봅시다!

明天 míngtiān
晚上 wǎnshang
明年 míngnián

바꿔 봅시다!

吃 chī
来 lái
去 qù

他今天又来电话了。
Tā　jīntiān　　yòu lái diànhuà le.

바꿔 봅시다!

去朋友家了 qù péngyou jiā le
没来学校 méi lái xuéxiào
没吃午饭 méi chī wǔfàn

단어　□ 明年 míngnián 내년

你怎么现在才给我打电话呀?
Nǐ zěnme xiànzài cái gěi wǒ dǎ diànhuà ya?

바꿔 봅시다!

去学校 qù xuéxiào

写作业 xiě zuòyè

回来 huí lái

我马上就去你那儿。
Wǒ mǎshàng jiù qù nǐ nàr.

바꿔 봅시다!

回家 huí jiā

给他写信 gěi tā xiě xìn

给你做饭 gěi nǐ zuò fàn

연습문제 练习 liànxí

听 tīng 듣기

1. 남녀의 대화 내용에 근거하여 정답을 찾으시오.

　　(1) A 明天上午两点　　B 明天下午两点　　C 还没约好，不知道

　　(2) A 房间　　B 宾馆　　C 洗手间

　　(3) A 没带书　　B 书丢了　　C 想借书

　　(4) A 火车站　　B 超市　　C 饭馆儿

　　(5) A 小金昨天没回来　　B 小金很累　　C 小金不想吃饭

단어　　□ 马大哈 mǎdàhā 덜렁이, 멍청이　　□ 昨晚 zuówǎn 어제 저녁

2. 녹음을 잘 듣고 주어진 명제의 옳고 그름을 판단하시오.

　　(1) ★ 今天是星期四。　　　　　　　　　　（　　　）

　　(2) ★ 我很喜欢看电影。　　　　　　　　　（　　　）

　　(3) ★ 五月二号我姐姐在中国。　　　　　　（　　　）

　　(4) ★ 我正在等妈妈回来。　　　　　　　　（　　　）

阅读 yuèdú 읽기

1. 보기에서 적당한 단어를 골라 빈칸을 채우시오.

   | 보기 | 那儿　再　又　才　就 |

   (1) 我现在就去你(　　　)。

   (2) 她每天七点半起床，今天七点(　　　)起床了。

   (3) 她昨天没去学校，今天(　　　)没去。

   (4) 我昨天已经吃过炸酱面，今天不想(　　　)吃了。

   (5) 电影两点开始，他两点一刻(　　　)到。

2. 서로 관련 있는 것들끼리 짝을 지으시오.

   A　中国人很喜欢吃猪肉。
   B　我们明天再来，怎么样?
   C　我明天才有空儿。
   D　谁找王先生?
   E　电影一点半才结束。

   (1) 一点一刻了，他们怎么还不来呢？　[　]

   (2) 你今天下午有空儿吗？　[　]

   (3) 金小姐。　[　]

   (4) 中国人喜欢吃什么？　[　]

   (5) 明天不行。　[　]

❷ 我马上就去你那儿。Wǒ mǎshàng jiù qù nǐ nàr.

说 shuō 말하기

다음 질문에 답하시오.

(1) 前天几月几号?

→ _____

(2) 你今天晚上有空儿吗?

→ _____

(3) 教学楼里有洗手间吗?

→ _____

(4) 洗手间离教室远不远?

→ _____

(5) 假期你去过中国没有?

→ _____

단어 ▫ 教室 jiàoshì 교실

写 xiě 쓰기

1. 주어진 단어를 중국어의 어순에 맞게 다시 배열하시오.

(1) 你那儿 / 明天 / 去 / 一定

→ _____

(2) 电话 / 个 / 吧 / 你 / 打 / 给他

→ _____

(3) 不 / 接 / 他 / 能 / 电话

→ _____

(4) 打算 / 去 / 王老师那儿 / 几点 / 你

→ _____

2. 다음을 중국어로 작문하시오.

   (1) 제가 곧 바로 당신 있는 쪽으로 가겠습니다.

      →

   (2) 잠시 뒤 만납시다.

      →

   (3) 저는 그녀에게 또 전화를 했습니다.

      →

   (4) 저는 오늘에야 비로소 그녀에게 전화를 했습니다.

      →

   (5) 우리 내일 다시 먹으러 옵시다.

      →

❷ 我马上就去你那儿。Wǒ mǎshàng jiù qù nǐ nàr.

중국 문화 2

중국의 응급 전화번호

중국의 응급 혹은 긴급 전화 서비스는 첫 머리 두 자리가 '11'인 번호와 '12'로 시작하는 번호로 나누어진다. 중국에서 사고를 당했을 때, 당황하지 않도록 중요한 응급 전화번호는 수첩에 적어두도록 하자.

- 110: 범죄 신고 전화(무료)
- 114: 전화번호 안내(기본 요금)
- 117: 시보 안내 전화(기본 요금)
- 119: 화재 신고(무료)
- 120: 응급 환자(무료)
- 121: 일기 예보(기본요금)
- 122: 교통사고 신고 전화(무료)
- 123**: 각종 정부 기관 핫라인(기본 요금)
  예) 12315: 소비자 불만 신고 전화

사실 중국에서 사람들이 가장 많이 거는 긴급 전화는 '110'이다. 심지어 응급환자가 생겨도 '120'보다는 '110'에 먼저 거는 사람이 많다. 경찰차는 신세를 지더라도 기본적으로 무료이지만, 앰뷸런스는 거리에 따라서 이용료를 지불해야 하기 때문이다.

* 홍콩, 마카오 - 응급 환자, 범죄 신고: 999
* 타이완 - 범죄 신고 전화: 110
         화재(응급 환자) 신고 전화: 119

중국으로 출국하기 전에는 각종 사건 사고에 대비하여 '외교통상부 영사콜센터(www.0404.go.kr)'를 먼저 확인하도록 한다.

※ 참고로 우리나라에서 중국으로 국제전화를 걸 때 필요한 국가번호는 '0086'이다.

第三课

路上发生了一起交通事故。
Lùshang fāshēngle yì qǐ jiāotōng shìgù.

학습목표

명사의 장소화(2)　路上 lùshang

존현문(1) – '有[yǒu]'와 '是[shì]'

존현문(2)　路上发生了一起交通事故。
　　　　　Lùshang fāshēngle yì qǐ jiāotōng shìgù.

부사 '差点儿[chàdiànr]'의 용법
我也差点儿迟到了。Wǒ yě chàdiǎnr chídào le.

동사 '听说[tīng//shuō]'의 용법(2)
听汉语老师说毛主席纪念堂在这里。
Tīng Hànyǔ lǎoshī shuō Máo Zhǔxí Jìniàntáng zài zhèli.

조사 '嘛[ma]'의 용법
前门离天安门广场很近嘛。
Qiánmén lí Tiān'ānmén Guǎngchǎng hěn jìn ma.

'동사(구)/형용사(구) + 的[de] + 时候[shíhou]'의 용법
上课的时候 Shàng kè de shíhou

단어 生词 shēngcí

□□ 01	迟到	chídào	동 지각하다
□□ 02	路	lù	명 길
□□ 03	发生	fāshēng	동 발생하다
□□ 04	起	qǐ	양 사건, 사고를 세는 양사. 번, 차례
□□ 05	交通事故	jiāotōng shìgù	명 교통사고

　　*交通 jiāotōng 명 교통　　*事故 shìgù 명 사고

□□ 06	特别	tèbié	부 특히, 유달리
□□ 07	堵车	dǔ//chē	동 자동차 혹은 교통이 막히다
□□ 08	差点儿	chàdiǎnr	부 하마터면……할 뻔 하다
□□ 09	中间	zhōngjiān	명 중간
□□ 10	南边	nánbian	명 남쪽
□□ 11	嘛	ma	조 뚜렷한 사실을 강조할 때 쓰는 어기조사
□□ 12	上课	shàng//kè	동 수업하다
□□ 13	时候	shíhou	명 때
□□ 14	大街	dàjiē	명 큰길, 대로, 번화가
□□ 15	商店	shāngdiàn	명 상점
□□ 16	热闹	rènao	형 번화하다, 왁자지껄하다
□□ 17	逛	guàng	동 한가롭게 거닐다, 구경하다

　　*逛街 guàng//jiē 거리 구경을 하다

□□ 18	转	zhuǎn	동 바뀌다, 전환하다

☐☐ 19	东边	dōngbian	명	동쪽	
☐☐ 20	西边	xībian	명	서쪽	
☐☐ 21	北边	běibian	명	북쪽	
☐☐ 22	天安门广场	Tiān'ānmén Guǎngchǎng	고유명사	톈안먼광장	
☐☐ 23	毛主席纪念堂	Máo Zhǔxí Jìniàntáng	고유명사	마오쩌둥기념당	
☐☐ 24	前门	Qiánmén	고유명사	첸먼. 명청대 베이징 내성(內城)의 정문으로 쓰였던 정양문(正陽門)의 속칭	
☐☐ 25	中国革命博物馆	Zhōngguó Gémìng Bówùguǎn	고유명사	중국혁명박물관	
☐☐ 26	中国历史博物馆	Zhōngguó Lìshǐ Bówùguǎn	고유명사	중국역사박물관	
☐☐ 27	人民大会堂	Rénmín Dàhuìtáng	고유명사	인민대회당	
☐☐ 28	人民英雄纪念碑	Rénmín Yīngxióng Jìniànbēi	고유명사	인민영웅기념비	

잠깐 틀리기 쉬운 표현

* **금의환향** 한 錦衣還鄕

   중 衣锦还乡[yījǐn huánxiāng](의금환향)

크게 성공하여 고향으로 돌아오는 것을 '금의환향'이라고 한다. 그런데 중국에서는 앞 두 글자의 순서를 뒤집어서 '의금환향'이라고 쓴다. 한국어의 뜻이 '비단 옷(錦衣)'을 입고 고향으로 돌아온다(還鄕)'라고 한다면, 중국 사람은 '동사(衣)+목적어(锦)+동사(还)+목적어(乡)' 구조로 말하는 셈이다. 여기에서 '옷 의(衣)'자도 동사로 사용할 수 있는 것이 중국어라는 걸 알 수 있다.

❸ 路上发生了一起交通事故。Lùshang fāshēngle yì qǐ jiāotōng shìgù.

문법 语法 yǔfǎ

1 명사의 장소화(2)

장소의 의미가 없는 명사(물질명사, 추상명사, 신체부위를 표시하는 명사 등)의 뒤에 '上[shang]'을 붙이면 해당 명사를 장소화 시킬 수 있다. 이때 '上'은 경성 '[shang]'으로 발음하며, 어떤 물체의 표면, 윗부분 혹은 어떤 추상적인 개념의 전체 범위라는 의미를 가지게 된다.

> **어순**　명사 + 上[shang]

(1) 물질명사: 桌子上有书。 Zhuōzi shang yǒu shū.

　　　　　　我在飞机上看电影。 Wǒ zài fēijī shang kàn diànyǐng.

(2) 추상명사: 他在中国现代文学上做了很多贡献。

　　　　　　Tā zài Zhōngguó Xiàndài Wénxué shang zuòle hěn duō gòngxiàn.

(3) 신체부위: 我头上有个伤口。 Wǒ tóu shang yǒu ge shāngkǒu.

> **참고**　명사의 장소화(1): step3 제2과 (28쪽)

2 존현문(1) – '有[yǒu]'와 '是[shì]'

'존현문'은 어떤 장소(시점)에 어떤 사람(사물)이 존재함을 표현하는 문형이다.

가 '有[yǒu]'와 '是[shì]'의 공통점: 어순이 같다.

> **어순**　장소/시점 + 有[yǒu]/是[shì] + 존재하는 사람/사물

나 '有[yǒu]'와 '是[shì]'의 차이점

(1) '有[yǒu]': 书包里有书。 Shūbāo li yǒu shū.

(2) '是[shì]': 书包里是书。 Shūbāo li shì shū.

둘 다 '책가방 안에 책이 있다'는 뜻을 나타내지만, (1)의 '有[yǒu]'는 책가방 안에 책 이외에도 '필통', '체육복' 등 다른 물건이 같이 들어있을 가능성을 내포하고 있다. 그러나 (2)의 '是[shì]'는 책가방 안에 책 이외의 다른 것은 없다는 느낌을 준다.

> **단어**
> □ 中国现代文学 Zhōngguó Xiàndài Wénxué 중국 현대 문학　　□ 贡献 gòngxiàn 공헌하다, 기여하다
> □ 伤口 shāngkǒu 상처　　□ 书包 shūbāo 책가방

3 존현문(2) – '来[lái]', '走[zǒu]', '跑[pǎo]', '死[sǐ]', '发生[fāshēng]', '暴发[bàofā]' 등 출현 혹은 소실을 나타내는 동사

어떤 장소(시점)에 어떤 사람(사물)이 나타나거나 사라짐을 표현하는 문형이다.

> **어순** 장소/시점 + 존현동사 + 나타나거나 사라지는 사람/사물

가 출현

- 前面来了一个人。Qiánmiàn láile yí ge rén.
- 1950年爆发了朝鲜战争。Yī jiǔ wǔ líng nián bàofāle Cháoxiān Zhànzhēng.
- 昨天发生了什么事儿？Zuótiān fāshēngle shénme shìr?

나 소실

- 我爷爷家死了一头牛。Wǒ yéye jiā sǐle yì tóu niú.

단어
- 跑 pǎo 뛰다, 달리다
- 死 sǐ 죽다
- 爆发 bàofā 갑자기 발생하다, 느닷없이 일어나다
- 朝鲜战争 Cháoxiān Zhànzhēng 한국전쟁, 6.25 전쟁
- 头 tóu 소나 돼지 등 가축을 세는 양사. 마리

---

1 (1) · 책상 위에 책이 있습니다.
· 나는 비행기에서 영화를 봅니다.
(2) · 그는 중국 현대 문학에 있어서 많은 공헌을 했습니다.
(3) · 내 머리에는 상처가 하나 있습니다.

2 (1) · 책가방 안에 책이 있습니다.
(2) · 책가방 안에 책이 있습니다.
(책가방 안에 책 이외의 다른 것은 없다.)

3 가. · 앞에서 어떤 사람이 한 명 다가왔습니다.
· 1950년 6.25 전쟁이 발생했습니다.
· 어제 무슨 일이 발생했나요?
나. · 우리 할아버지 집에서 소가 한 마리 죽었습니다.

❸ 路上发生了一起交通事故。Lùshang fāshēngle yì qǐ jiāotōng shìgù.

4 부사 '差点儿[chàdiǎnr]'의 용법

'하마터면……할 뻔하다'는 뜻으로, 바람직하지 못한 어떤 상황에서 벗어날 수 있어서 다행스럽다는 느낌을 표현한다. 뒤에 이어지는 동사가 긍정형이든 부정형이든 의미는 동일하다.
(어순1과 어순2의 의미 동일)

> **어순1**　差点儿[chàdiǎnr] + 동사

我	差点儿	摔倒	了。
Wǒ	chàdiǎnr	shuāi dǎo	le.

> **어순2**　差点儿[chàdiǎnr] + 没[méi] + 동사

我	差点儿	没	摔倒。
Wǒ	chàdiǎnr	méi	shuāi dǎo.

- 他差点儿死了。 Tā chàdiǎnr sǐ le.
  (= 他差点儿没死。 Tā chàdiǎnr méi sǐ.)

5 동사 '听说[tīng//shuō]'의 용법(2)

소식이나 소문의 전달자를 드러내고 싶은 경우에는 '听[tīng]'과 '说[shuō]'의 사이에 삽입한다.

- 听妈妈说爸爸明天要去上海出差。
  Tīng māma shuō bàba míngtiān yào qù Shànghǎi chū chāi.
- 听我朋友说学校附近有一家意大利餐厅。
  Tīng wǒ péngyou shuō xuéxiào fùjìn yǒu yì jiā Yìdàlì cāntīng.

> **참고**　동사 '听说[tīng//shuō]'의 용법(1): step2 제10과 (117쪽)

단어
- 摔 shuāi 넘어지다
- 倒 dǎo 쓰러지다
- 出差 chū//chāi 출장을 가다
- 意大利 Yìdàlì 이탈리아
- 餐厅 cāntīng 레스토랑

6 조사 '嘛[ma]'의 용법

평서문의 끝에 쓰여서 '당연하다', '분명하다'는 감정이나 기분을 표현한다.

- 不要骂他，他还是孩子嘛！ Bú yào mà tā, tā háishi háizi ma!
- 谁说我迟到了？我早就来了嘛！ Shéi shuō wǒ chídào le? Wǒ zǎo jiù lái le ma!

7 '동사(구)/형용사(구) + 的[de] + 时候[shíhou]'의 용법

주로 동사(구)/형용사(구)(간혹 절이나 시간사)를 동반하여 특정한 시점을 나타낸다.

> **어순** 동사(구)/형용사(구) + 的[de] + 时候[shíhou]

开会 的 时候， 我要说什么?
Kāi huì de shíhou, wǒ yào shuō shénme?

- 天快要黑的时候，他走了。 Tiān kuàiyào hēi de shíhou, tā zǒu le.
- 我想你的时候，你也会想我吗？ Wǒ xiǎng nǐ de shíhou, nǐ yě huì xiǎng wǒ ma?

단어
- 骂 mà 욕하다, 혼내다
- 孩子 háizi 아이, 어린이
- 开会 kāi//huì 회의하다, 회의를 개최하다
- 黑 hēi 캄캄하다, 어둡다

4
- 나는 하마터면 넘어질 뻔했습니다.
- 나는 하마터면 넘어질 뻔했습니다.
- 그는 하마터면 죽을 뻔했습니다.

5
- 엄마에게 듣기로는 아빠가 내일 상하이로 출장을 가신다고 합니다.
- 내 친구에게 듣기로는 학교 근처에 이탈리아 레스토랑이 한 집 있다고 합니다.

6
- 걔를 욕하지 마세요, 아직 어린 아이잖아요.
- 내가 지각했다고 누가 그래요? 나는 진작에 와 있었다고요!

7
- 회의할 때, 내가 무엇을 말해야 합니까?
- 날이 곧 어두워지려고 할 때, 그는 갔습니다.
- 내가 당신을 생각할 때, 당신도 나를 생각할 겁니까?

❸ 路上发生了一起交通事故。 Lùshang fāshēngle yì qǐ jiāotōng shìgù.

본문 课文 kèwén

1 오늘 경민은 베이징 토박이 리리의 안내로 '톈안먼광장(天安门广场)' 주변의 여러 관광지를 구경하기로 하였다.

金景民　你怎么迟到了呢?
Jīn Jǐngmín　Nǐ zěnme chídàole ne?

王莉莉　路上发生了一起交通事故，特别堵车。
Wáng Lìli　Lùshang fāshēngle yì qǐ jiāotōng shìgù, tèbié dǔ chē.

金景民　其实，我也差点儿迟到了。
Jīn Jǐngmín　Qíshí, wǒ yě chàdiǎnr chídào le.

王莉莉　你看，这里就是天安门广场。
Wáng Lìli　Nǐ kàn, zhèli jiù shì Tiān'ānmén Guǎngchǎng.

金景民　听汉语老师说毛主席纪念堂在这里。
Jīn Jǐngmín　Tīng Hànyǔ lǎoshī shuō Máo Zhǔxí Jìniàntáng zài zhèli.

王莉莉　广场的中间就是。
Wáng Lìli　Guǎngchǎng de zhōngjiān jiù shì.

새로 나온 단어

迟到	chídào	지각하다
路	lù	길
发生	fāshēng	발생하다
起	qǐ	사건, 사고를 세는 양사. 번, 차례
交通事故	jiāotōng shìgù	교통사고
*交通	jiāotōng	교통
*事故	shìgù	사고
特别	tèbié	특히, 유달리
堵车	dǔ//chē	자동차 혹은 교통이 막히다
差点儿	chàdiǎnr	하마터면……할 뻔 하다
中间	zhōngjiān	중간

고유명사

天安门广场	Tiān'ānmén Guǎngchǎng	톈안먼광장
毛主席纪念堂	Máo Zhǔxí Jìniàntáng	마오쩌둥기념당

金景民 Jīn Jǐngmín	南边是什么？ Nánbian shì shénme?

王莉莉 Wáng Lìli	南边是前门。 Nánbian shì Qiánmén.

金景民 Jīn Jǐngmín	前门？前门离天安门广场很近嘛。 Qiánmén? Qiánmén lí Tiān'ānmén Guǎngchǎng hěn jìn ma.

王莉莉 Wáng Lìli	你知道前门啊？ Nǐ zhīdao Qiánmén a?

金景民 Jīn Jǐngmín	上课的时候，老师给我们介绍过前门。 Shàng kè de shíhou, lǎoshī gěi wǒmen jièshàoguo Qiánmén.

王莉莉 Wáng Lìli	前门大街有很多商店，很热闹。 Qiánmén Dàjiē yǒu hěn duō shāngdiàn, hěn rènao.

金景民 Jīn Jǐngmín	我很想去逛逛，咱们现在就去吧！ Wǒ hěn xiǎng qù guàngguang, zánmen xiànzài jiù qù ba!

새로 나온 단어

南边	nánbian	남쪽
嘛	ma	뚜렷한 사실을 강조할 때 쓰는 어기조사
上课	shàng//kè	수업하다
时候	shíhou	때
大街	dàjiē	큰길, 대로, 번화가
商店	shāngdiàn	상점
热闹	rènao	번화하다, 왁자지껄하다
逛	guàng	한가롭게 거닐다, 구경하다
*逛街	guàng//jiē	거리 구경을 하다

고유명사

前门	Qiánmén	첸먼. 명청대 베이징 내성(內城)의 정문으로 쓰였던 정양문(正陽門)의 속칭

❸ 路上发生了一起交通事故。Lùshang fāshēngle yì qǐ jiāotōng shìgù.

❷ 日记 Rìjì

日期　七月五日　星期五　　　天气　多云转晴
Rìqī　qī yuè wǔ rì　xīngqīwǔ　　Tiānqì　duōyún zhuǎn qíng

今天王莉莉和我去了天安门广场。
Jīntiān Wáng Lìli hé wǒ qùle Tiān'ānmén Guǎngchǎng.

天安门广场的东边是中国革命博物馆和中国历史博物馆。
Tiān'ānmén Guǎngchǎng de dōngbian shì Zhōngguó Gémìng Bówùguǎn hé Zhōngguó Lìshǐ Bówùguǎn.

西边是人民大会堂。
Xībian shì Rénmín Dàhuìtáng.

南边是前门。
Nánbian shì Qiánmén.

北边就是天安门。
Běibian jiù shì Tiān'ānmén.

人民英雄纪念碑和毛主席纪念堂在广场的中间。
Rénmín Yīngxióng Jìniànbēi hé Máo Zhǔxí Jìniàntáng zài guǎngchǎng de zhōngjiān.

새로 나온 단어

转	zhuǎn	바뀌다, 전환하다
东边	dōngbian	동쪽
西边	xībian	서쪽
北边	běibian	북쪽

고유명사

中国革命博物馆　Zhōngguó Gémìng Bówùguǎn
　　　　　　　중국혁명박물관
中国历史博物馆　Zhōngguó Lìshǐ Bówùguǎn
　　　　　　　중국역사박물관
人民大会堂　Rénmín Dàhuìtáng 인민대회당
人民英雄纪念碑　Rénmín Yīngxióng Jìniànbēi
　　　　　　　인민영웅기념비

문형연습 句型练习 jùxíng liànxí　　기본문형 익히기

路上发生了一起交通事故。
Lùshang fāshēngle yì qǐ jiāotōng shìgù.

바꿔 봅시다!

前边来 qiánbian lái
教室里走 jiàoshì li zǒu
他家里死 tā jiā li sǐ

바꿔 봅시다!

一个人 yí ge rén
两个人 liǎng ge rén
一头猪 yì tóu zhū

我差点儿迟到了。
Wǒ chàdiǎnr chídào le.

바꿔 봅시다!

死 sǐ
忘 wàng
丢 diū

단어　□ 教室 jiàoshì 교실　□ 死 sǐ 죽다　□ 头 tóu 소나 돼지 등 가축을 세는 양사. 마리
　　　□ 忘 wàng 잊다

听汉语老师说毛主席纪念堂在这里。
Tīng Hànyǔ lǎoshī shuō Máo Zhǔxí Jìniàntáng zài zhèli.

▽ 바꿔 봅시다!   ▽ 바꿔 봅시다!

朋友 péngyou	这家饭馆儿的菜很好吃 zhè jiā fànguǎnr de cài hěn hǎochī
我的同屋 wǒ de tóngwū	学校前边的美发店很好 xuéxiào qiánbian de měifàdiàn hěn hǎo
我姐姐 wǒ jiějie	前门大街很热闹 Qiánmén Dàjiē hěn rènao

上课的时候，老师给我们介绍过前门。
Shàng kè de shíhou, lǎoshī gěi wǒmen jièshàoguo Qiánmén.

▽ 바꿔 봅시다!   ▽ 바꿔 봅시다!

吃饭 chī fàn	你们不能说话 nǐmen bù néng shuō huà
逛商店 guàng shāngdiàn	你要小心钱包 nǐ yào xiǎoxīn qiánbāo
看比赛 kàn bǐsài	他要吃小吃 tā yào chī xiǎochī

단어　□ 说话 shuō//huà 말하다　□ 小心 xiǎoxīn 조심하다　□ 钱包 qiánbāo 지갑

연습문제 练习 liànxí

听 tīng 듣기

1. 남녀의 대화 내용에 근거하여 정답을 찾으시오.

   (1) A 小李　　　　　　　B 小李的同学　　　　C 小李的同屋

   (2) A 在汽车上　　　　　B 在火车上　　　　　C 在飞机上

   (3) A 迟到了　　　　　　B 没迟到　　　　　　C 不想看电影

   (4) A 十字路口附近　　　B 十字路口前边　　　C 前边的十字路口

   (5) A 哥哥的女朋友很漂亮　B 哥哥的女朋友不漂亮　C 哥哥没有女朋友

   단어　□ 汽车 qìchē 자동차

2. 녹음을 잘 듣고 주어진 명제의 옳고 그름을 판단하시오.

   (1) ★ 现在是十点五分。　　　　　　　　　(　　)

   (2) ★ 我去过天安门广场。　　　　　　　　(　　)

   (3) ★ 弟弟没有自己的房间。　　　　　　　(　　)

   (4) ★ 演员现在已经到了。　　　　　　　　(　　)

   단어　□ 自己 zìjǐ 자신　　□ 学生会 xuéshēnghuì 학생회

❸ 路上发生了一起交通事故。Lùshang fāshēngle yì qǐ jiāotōng shìgù.

阅读 yuèdú 읽기

1. 보기에서 적당한 단어를 골라 빈칸을 채우시오.

   보기   离   有   在   是   去

   (1) 学校西边(　　)一个小商店。

   (2) 我打算暑假(　　)中国旅游。

   (3) 美国(　　)韩国特别远。

   (4) 我家就(　　)前边。

   (5) 前边就(　　)我家。

   단어　□ 美国 Měiguó 미국

2. 서로 관련 있는 것들끼리 짝을 지으시오.

   A 前边是公园，咱们在那儿坐一会儿吧。
   B 天安门广场真大！
   C 中国离韩国不太远。
   D 星期天天安门广场人太多了。
   E 你们两个人去哪儿?

   (1) 我们去喝咖啡。　　　　　□

   (2) 中国远吗?　　　　　□

   (3) 已经走了半个小时，太累了。我想休息一下。　　　　　□

   (4) 这就是天安门广场。你看，怎么样?　　　　　□

   (5) 咱们星期天去，怎么样?　　　　　□

说 shuō 말하기

다음 질문에 답하시오.

(1) 你今天迟到了吗?
→ _____

(2) 你来学校的路上，有没有堵车?
→ _____

(3) 你想不想到天安门去看看?
→ _____

(4) 韩国什么时候最热闹?
→ _____

(5) 学校什么时候最热闹?
→ _____

写 xiě 쓰기

1. 주어진 단어를 중국어의 어순에 맞게 다시 배열하시오.

(1) 两 / 前边 / 学生 / 有 / 个 / 我
→ _____

(2) 家 / 就 / 前边 / 我 / 是 / 奶奶
→ _____

(3) 手机 / 的 / 手 / 在 / 里 / 他
→ _____

(4) 暑假 / 还 / 月 / 离 / 两 / 有 / 个
→ _____

❸ 路上发生了一起交通事故。Lùshang fāshēngle yì qǐ jiāotōng shìgù.

2. 다음을 중국어로 작문하시오.

(1) 당신은 오늘 밥 먹으러 어디에 가십니까?

→ _____

(2) 학교 안에는 구내식당이 두 개 있습니다.

→ _____

(3) 학교 밖에는 많은 식당이 있습니다.

→ _____

(4) 선생님께 듣기로는 내일 수업을 하지 않는다고 하던데, 맞습니까?

→ _____

(5) 우리 집은 학교에서 멀지 않습니다.

→ _____

第四课

好吃是好吃，就是有点儿油腻。
Hǎochī shì hǎochī, jiùshì yǒudiǎnr yóunì.

학습목표

'来[lái]'의 대동사 용법
来一只烤鸭和两听可乐。
Lái yì zhī kǎoyā hé liǎng tīng kělè.

양보를 이끄는 '是[shì]'의 용법
好吃是好吃 Hǎochī shì hǎochī

부사 '就是[jiùshì]'의 용법
就是有点儿油腻。Jiùshì yǒudiǎnr yóunì.

개사 '除了[chúle]'의 용법(1)
除了全聚德以外 Chúle Quánjùdé yǐwài

부사 '还是[háishi]'의 용법
我看咱们还是改天去比较好。
Wǒ kàn zánmen háishi gǎitiān qù bǐjiào hǎo.

가능보어의 용법(2) –
'吃得下[chī de xià]'와 '吃不下[chī bu xià]'

단어 生词 shēngcí

- ☐☐ 01 菜单 càidān 명 차림표, 메뉴
- ☐☐ 02 来 lái 동 다른 동사를 대신하여 쓰이는 대동사
- ☐☐ 03 点 diǎn 동 주문하다
- ☐☐ 04 只 zhī 양 동물을 세는 양사. 마리
- ☐☐ 05 听 tīng 양 캔에 담긴 음료, 통조림 등을 세는 양사. 캔, 통
- ☐☐ 06 可乐 kělè 명 콜라
- ☐☐ 07 稍 shāo 부 약간, 조금

  *稍等 shāo děng 잠시 기다리다

- ☐☐ 08 尝 cháng 동 맛보다
- ☐☐ 09 味道 wèidào 명 맛
- ☐☐ 10 就是 jiùshì 부 다만(오직)……뿐
- ☐☐ 11 油腻 yóunì 형 느끼하다
- ☐☐ 12 年 nián 명 해, 년
- ☐☐ 13 开业 kāi//yè 동 개업하다
- ☐☐ 14 百 bǎi 수 백, 100
- ☐☐ 15 多 duō 수 여, 남짓
- ☐☐ 16 除了…… chúle…… 개 ……을/를 제외하고
- ☐☐ 17 以外 yǐwài 명 ……이외에
- ☐☐ 18 悠久 yōujiǔ 형 유구하다
- ☐☐ 19 美食店 měishídiàn 명 맛집

☐☐ 20	还是	háishi	부	……하는 편이 좋다
☐☐ 21	改天	gǎitiān	명	다른 날, 다음 기회
☐☐ 22	比较	bǐjiào	부	비교적; 동 비교하다
☐☐ 23	吃不下	chī bu xià		(더 이상) 먹을 수 없다
☐☐ 24	店	diàn	명	가게
☐☐ 25	告诉	gàosu	동	……에게 ……을/를 알리다
☐☐ 26	吃法	chīfǎ	명	먹는 법
☐☐ 27	皮	pí	명	껍질
☐☐ 28	脆	cuì	형	바삭바삭하다
☐☐ 29	全聚德	Quánjùdé	고유명사	취안쥐더. 1864년에 개업한 베이징의 오리구이 전문 음식점
☐☐ 30	狗不理包子	Gǒubùlǐ bāozi	고유명사	거우부리만두점. 1858년 톈진(天津)에서 출발한 레스토랑 체인

잠깐 틀리기 쉬운 표현

* 주마간산 한 走馬看山

중 走马观花[zǒumǎ guānhuā](주마관화)

말을 타고 가면서 산을 쳐다보듯이 어떤 일을 함에 바빠서 대충대충하는 것을 일컫는 사자성어다. 그런데 중국어는 뒤의 두 글자가 한국어와 다르다. 직역하면 말을 타고 가면서 '꽃을 감상하다'는 뜻이다. 어떤 일을 '대충하다'는 관점에서 본다면, 말을 타고 가면서 '산'은 대충 봐도 어느 정도 알 수 있지만, '길가에 핀 꽃'은 절대로 감상할 수 없다는 점에서 중국어가 훨씬 더 '대충'이라는 의미를 잘 나타내고 있다고 하겠다.

❹ 好吃是好吃，就是有点儿油腻。Hǎochī shì hǎochī, jiùshì yǒudiǎnr yóunì.

문법 语法 yǔfǎ

1 '来[lái]'의 대동사 용법

구체적인 동작 동사의 역할을 대신한다.

- 那个你拿，这个我来。Nà ge nǐ ná, zhè ge wǒ lái.
- 我吃饱了，你还要来点儿吗? Wǒ chī bǎo le, nǐ hái yào lái diǎnr ma?

2 양보를 이끄는 '是[shì]'의 용법

'是[shì]'의 앞뒤에 동일한 문법 성분을 배치하여 스스로 인정할 수 있는 최소한의 내용을 언급한 다음, 그 뒤에 그와 반대되는 내용을 진술한다.

어순   A + 是[shì] + A, ……(앞 구절과 반대되는 내용)

东西 好　　是　　好，可是价格不便宜。
Dōngxi hǎo　shì　hǎo, kěshì jiàgé bù piányi.

- 今天累是累，可是很痛快。Jīntiān lèi shì lèi, kěshì hěn tòngkuài.
- 她瘦是瘦，但是很健康。Tā shòu shì shòu, dànshì hěn jiànkāng.

3 부사 '就是[jiùshì]'의 용법

'다만(오직) ……뿐'이라는 뜻의 부사로, 범위를 좁게 한정한 채 다른 모든 것을 배제한다.

어순   就是[jiùshì] + 형용사(구)/동사(구)

他为人很好，　　就是　　不爱说话。
Tā wéirén hěn hǎo,　jiùshì　bú ài shuō huà.

- 我姐姐很聪明，就是有点儿马虎。Wǒ jiějie hěn cōngming, jiùshì yǒudiǎnr mǎhu.

단어
- 拿 ná (손으로) 들다, 집다
- 饱 bǎo 배(가) 부르다
- 价格 jiàgé 가격, 값
- 痛快 tòngkuài 유쾌하다, 즐겁다
- 瘦 shòu (몸매가) 마르다, 야위다
- 健康 jiànkāng 건강하다
- 为人 wéirén (사람의) 됨됨이
- 说话 shuō//huà 말하다
- 聪明 cōngming 똑똑하다
- 马虎 mǎhu 덤벙대다, 대충대충하다

4 개사 '除了[chúle]'의 용법(1)

'还[hái]'나 '也[yě]'와 결합하여, 이미 알고 있는 'A'를 제외하고, 새롭게 알게 된 또 다른 'B'도 있다는 점을 강조한다. 조건절의 끝에 붙는 '以外[yǐwài]'는 생략할 수도 있다.

어순 除了[chúle] + A (+ 以外[yǐwài]),　还[hái]/也[yě] + B

除了　中文书 (以外),　我家里　还　有英文书。
Chúle　Zhōngwénshū (yǐwài),　wǒ jiā li　hái　yǒu Yīngwénshū.

- 除了我(以外), 小王也会开车。Chúle wǒ (yǐwài), Xiǎo Wáng yě huì kāi chē.
- 除了你(以外), 我还能爱谁? Chúle nǐ (yǐwài), wǒ hái néng ài shéi?
- 除了北京(以外), 我还去过天津。Chúle Běijīng (yǐwài), wǒ hái qùguo Tiānjīn.

단어
- 中文书 Zhōngwénshū 중국어책
- 英文书 Yīngwénshū 영어책
- 开车 kāi//chē 운전하다
- 爱 ài 사랑하다
- 天津 Tiānjīn 톈진, 천진

1
- 그건 당신이 드세요, 이건 내가 들게요.
- 나는 배 불리 먹었는데, 당신은 좀 더 먹을 겁니까?

2
- 물건이 좋기는 좋아요, 그렇지만 값이 싸지 않습니다.
- 오늘 힘들기는 힘들어요, 그렇지만 (기분은) 아주 즐겁습니다.
- 그녀가 마르기는 말랐어요, 그렇지만 매우 건강합니다.

3
- 그는 사람 됨됨이가 훌륭합니다, 다만 말하는 걸 좋아하지 않을 뿐입니다.
- 우리 언니는 똑똑합니다, 다만 좀 덤벙댈 뿐입니다.

4
- 중국어책 말고도, 우리 집에는 영어책도 있습니다.
- 나 말고도, 샤오왕도 차를 운전할 수 있습니다.
- 당신 말고도, 내가 또 누구를 사랑할 수 있겠습니까?
- 베이징 말고도, 나는 톈진에도 가본 적이 있습니다.

❹ 好吃是好吃，就是有点儿油腻。Hǎochī shì hǎochī, jiùshì yǒudiǎnr yóunì.

5 부사 '还是[háishi]'의 용법

몇 가지 선택사항을 서로 비교한 끝에 좀 더 나은 쪽을 '还是[háishi]'의 다음에 표시한다. 주어를 '还是[háishi]'의 다음에 넣기도 한다.

> **어순** 还是[háishi] + 동사(구) + (比较[bǐjiào]/的[de]) + 好[hǎo]

还是	吃韩国菜		好,	吃中国菜容易胖。
Háishi	chī Hánguócài		hǎo,	chī Zhōngguócài róngyì pàng.

- 时间太晚了，我们还是明天去比较好。
  Shíjiān tài wǎn le, wǒmen háishi míngtiān qù bǐjiào hǎo.

6 가능보어의 용법(2) – '吃得下[chī de xià]'와 '吃不下[chī bu xià]'

'下[xià]'가 가능보어로 쓰이면, 공간적인 여유가 있어서 어떤 물체를 수용할 수 있다(……得下[……de xià]) 혹은 없다(……不下[……bu xià])라는 뜻을 나타낸다.

> **어순** 동사 + 得[de] + 下[xià]

> **부정** 동사 + 不[bu] + 下[xià]

- 我的屋子很大，坐得下十个人。Wǒ de wūzi hěn dà, zuò de xià shí ge rén.
- 这儿还有两道菜，你吃得下吗? Zhèr háiyǒu liǎng dào cài, nǐ chī de xià ma?
- 地球上住得下多少人? Dìqiú shang zhù de xià duōshao rén?

참고 가능보어의 용법(1): step2 제11과 (128쪽)

> **단어**
> - 胖 pàng 뚱뚱하다, (살이) 찌다
> - 晚 wǎn (시간적으로) 늦다
> - 屋子 wūzi 방
> - 道 dào 요리를 세는 양사
> - 地球 dìqiú 지구

5
- 아무래도 한국요리를 먹는 게 좋을 것 같습니다, 중국요리는 살찌기 쉬우니까요.
- 시간이 너무 늦었으니, 우리 아무래도 내일 가는 게 좋을 거 같은데요.

6
- 내 방은 아주 커서 열 명이 앉을 수 있습니다.
- 여기에 요리가 두 개나 더 있는데, 당신은 먹을 수 있겠어요?
- 지구에는 몇 명이 살 수 있나요?

본문 课文 kèwén

1 평소 경민이 맛있는 베이징카오야(北京烤鸭)를 먹고 싶어 한다는 것을 알고 있었기 때문에, 리리는 그를 카오야(烤鸭) 요리로 유명한 '취안쥐더(全聚德)' 레스토랑에 데리고 왔다.

服务员	这是菜单，你们要点儿什么？	
Fúwùyuán	Zhè shì càidān, nǐmen yào diǎnr shénme?	

王莉莉	我来点吧。来一只烤鸭和两听可乐。	
Wáng Lìlì	Wǒ lái diǎn ba. Lái yì zhī kǎoyā hé liǎng tīng kělè.	

服务员	还要别的吗？	
Fúwùyuán	Hái yào bié de ma?	

王莉莉	不要了，就这些。	
Wáng Lìlì	Bú yào le, jiù zhèxiē.	

服务员	请稍等。	
Fúwùyuán	Qǐng shāo děng.	

(주문한 음식을 먹으면서 리리는 중국의 유명한 레스토랑에 대해 묻는 경민에게 친절하게 대답한다.)

王莉莉	你来尝尝。味道怎么样？	
Wáng Lìlì	Nǐ lái chángchang. Wèidào zěnmeyàng?	

새로 나온 단어

菜单	càidān	차림표, 메뉴
来	lái	다른 동사를 대신하여 쓰이는 대동사
点	diǎn	주문하다
只	zhī	동물을 세는 양사. 마리
听	tīng	캔에 담긴 음료, 통조림 등을 세는 양사. 캔, 통
可乐	kělè	콜라
稍	shāo	약간, 조금
*稍等	shāo děng	잠시 기다리다
尝	cháng	맛보다
味道	wèidào	맛

❹ 好吃是好吃，就是有点儿油腻。Hǎochī shì hǎochī, jiùshì yǒudiǎnr yóunì.

金景民　好吃是好吃，就是有点儿油腻。
Jīn Jǐngmín　Hǎochī shì hǎochī, jiùshì yǒudiǎnr yóunì.

王莉莉　前门的这家是一八六四年开业的，有一百多
Wáng Lìli　Qiánmén de zhè jiā shì yī bā liù sì nián kāi yè de, yǒu yìbǎi duō

年的历史了。
nián de lìshǐ le.

金景民　除了全聚德以外，还有哪些历史悠久的
Jīn Jǐngmín　Chúle Quánjùdé yǐwài, hái yǒu nǎxiē lìshǐ yōujiǔ de

美食店呢？
měishídiàn ne?

王莉莉　狗不理包子也非常有名。咱们吃了烤鸭就去吧。
Wáng Lìli　Gǒubùlǐ bāozi yě fēicháng yǒumíng. Zánmen chīle kǎoyā jiù qù ba.

金景民　我看咱们还是改天去比较好。我现在已经
Jīn Jǐngmín　Wǒ kàn zánmen háishi gǎitiān qù bǐjiào hǎo. Wǒ xiànzài yǐjing

吃不下了。
chī bu xià le.

Tip
'我看 [wǒ kàn]'은 문장의 첫머리에 쓰여서 '눈으로 보다'라는 구체적인 행위보다는 '내 생각으로는' 정도의 추상적인 뜻을 나타낸다.

새로 나온 단어

就是	jiùshì	다만(오직) ……뿐
油腻	yóunì	느끼하다
年	nián	해, 년
开业	kāi//yè	개업하다
百	bǎi	백, 100
多	duō	여, 남짓
除了……	chúle……	……을/를 제외하고
以外	yǐwài	……이외에
悠久	yōujiǔ	유구하다
美食店	měishídiàn	맛집

还是	háishi	……하는 편이 좋다
改天	gǎitiān	다른 날, 다음 기회
比较	bǐjiào	비교적; 비교하다
吃不下	chī bu xià	(더 이상) 먹을 수 없다

고유명사
| 全聚德 | Quánjùdé | 취안쥐더. 1864년에 개업한 베이징의 오리구이 전문 음식점 |
| 狗不理包子 | Gǒubùlǐ bāozi | 거우부리만두점. 1858년 톈진(天津)에서 출발한 레스토랑 체인 |

❷ 日记 Rìjì

日期　七月六日　星期六　　　天气　阴
Rìqī　qī yuè liù rì　xīngqīliù　　Tiānqì　yīn

今天 我 和 王 莉 莉 去 前 门 全 聚 德
Jīntiān wǒ hé Wáng Lìlì qù Qiánmén Quánjùdé
烤 鸭 店 吃 了 烤 鸭。我 第 一 次 吃 烤 鸭，
kǎoyādiàn chīle kǎoyā. Wǒ dì yī cì chī kǎoyā,
不 知 道 怎 么 吃。她 就 告 诉 了 我 烤 鸭
bù zhīdao zěnme chī. Tā jiù gàosule wǒ kǎoyā
的 吃 法。烤 鸭 的 味 道 很 好，烤 鸭 皮
de chīfǎ. Kǎoyā de wèidào hěn hǎo, kǎoyā pí
非 常 脆，就 是 有 点 儿 油 腻。
fēicháng cuì, jiùshì yǒudiǎnr yóunì.

새로 나온 단어

店	diàn	가게	皮	pí	껍질
告诉	gàosu	……에게 ……을/를 알리다	脆	cuì	바삭바삭하다
吃法	chīfǎ	먹는 법			

❹ 好吃是好吃，就是有点儿油腻。Hǎochī shì hǎochī, jiùshì yǒudiǎnr yóunì.

문형연습 句型练习 jùxíng liànxí 　기본문형 익히기

烤鸭好吃是好吃，就是有点儿油腻。
Kǎoyā hǎochī shì hǎochī, jiùshì yǒudiǎnr yóunì.

바꿔 봅시다!

这把雨伞好看 zhè bǎ yǔsǎn hǎokàn	好看 hǎokàn	贵 guì
头不疼 tóu bù téng	不疼 bù téng	发烧 fāshāo
汉语有意思 Hànyǔ yǒuyìsi	有意思 yǒuyìsi	难 nán

前门的这家是一八六四年开业的。
Qiánmén de zhè jiā shì yī bā liù sì nián kāi yè de.

바꿔 봅시다!

小李 Xiǎo Lǐ	一九八一年毕业 yī jiǔ bā yī nián bì yè
张先生 Zhāng xiānsheng	一九九一年出生 yī jiǔ jiǔ yī nián chūshēng
这本书 zhè běn shū	二〇一七年写 èr líng yī qī nián xiě

단어
□ 出生 chūshēng 태어나다, 출생하다 　□ 本 běn 책을 세는 양사. 권

除了全聚德以外，还有哪些美食店呢？
Chúle Quánjùdé yǐwài, hái yǒu nǎxiē měishídiàn ne?

바꿔 봅시다!

烤鸭 kǎoyā
中国 Zhōngguó
汉语 Hànyǔ

바꿔 봅시다!

吃过哪些中国菜 chīguo nǎxiē Zhōngguócài
去过哪些国家 qùguo nǎxiē guójiā
会说哪些外语 huì shuō nǎxiē wàiyǔ

太饱了，已经吃不下了。
Tài bǎo le, yǐjing chī bu xià le.

바꿔 봅시다!

人满了 rén mǎn le
房间太小了 fángjiān tài xiǎo le
喝了两杯咖啡 hēle liǎng bēi kāfēi

바꿔 봅시다!

坐不下 zuò bu xià
放不下桌子 fàng bu xià zhuōzi
喝不下第三杯 hē bu xià dì sān bēi

단어
- 国家 guójiā 국가, 나라
- 外语 wàiyǔ 외국어
- 满 mǎn 가득 차다
- 放 fàng 놓아두다
- 桌子 zhuōzi 책상, 테이블
- 杯 bēi 컵에 담긴 음료를 세는 양사. 잔, 컵

❹ 好吃是好吃，就是有点儿油腻。Hǎochī shì hǎochī, jiùshì yǒudiǎnr yóunì.

연습문제 练习 liànxí

听 tīng 듣기

1. 남녀의 대화 내용에 근거하여 정답을 찾으시오.

   (1) **A** 这道菜很辣　　**B** 这道菜太油腻了　　**C** 太饱了，吃不下了

   (2) **A** 1805年　　**B** 1945年　　**C** 1905年

   (3) **A** 不想和男的看电影　　**B** 不喜欢看电影　　**C** 今天晚上要学习

   (4) **A** 他很爱喝咖啡　　**B** 今天他还没喝咖啡　　**C** 他觉得咖啡不好喝

   (5) **A** 烤鸭很油腻　　**B** 今天的烤鸭皮不太脆　　**C** 烤鸭太好吃了

   단어　□ 道 dào 요리를 세는 양사

2. 녹음을 잘 듣고 주어진 명제의 옳고 그름을 판단하시오.

   (1) ★ 我女儿现在不是学生。　　　　　　　　　　(　　)

   (2) ★ 我已经和朋友见面了。　　　　　　　　　　(　　)

   (3) ★ 现在是夏天。　　　　　　　　　　　　　　(　　)

   (4) ★ 我每天都喝可乐。　　　　　　　　　　　　(　　)

   단어
   □ 所 suǒ 건물을 세는 양사　　□ 名人 míngrén 유명인사
   □ 半年 bànnián 반년　　　　　□ 夏天 xiàtiān 여름

阅读 yuèdú 읽기

1. 보기에서 적당한 단어를 골라 빈칸을 채우시오.

   보기   是   点   以外   点儿   改天

   (1) 你来（　　　）菜吧。

   (2) 你今天想吃（　　　）什么?

   (3) 除了你（　　　），谁还没吃过烤鸭呢?

   (4) 马上就要期末考试了，咱们还是（　　　）去逛街吧。

   (5) 这把雨伞贵（　　　）贵，但是她一定会喜欢的。

2. 서로 관련 있는 것들끼리 짝을 지으시오.

   A   我们先看看菜单。
   B   谢谢。谢谢光临。
   C   这家宾馆是哪年开业的?
   D   你喝什么?
   E   你家里有狗吗?

   (1) 1998年。　　　　　　　　　　　　　　□

   (2) 我要一听可乐。　　　　　　　　　　　□

   (3) 欢迎光临! 你们要点儿什么?　　　　　□

   (4) 有两只。　　　　　　　　　　　　　　□

   (5) 你们的菜太好吃了。　　　　　　　　　□

❹ 好吃是好吃，就是有点儿油腻。Hǎochī shì hǎochī, jiùshì yǒudiǎnr yóunì.

说 shuō 　말하기

다음 질문에 답하시오.

(1) 你是哪年入学的?

→ _____

(2) 你哪年大学毕业?

→ _____

(3) 你觉得中国菜油腻吗?

→ _____

(4) 你吃过哪些中国菜?

→ _____

(5) 请你介绍一家韩国的美食店。

→ _____

단어　□ 入学 rù//xué 입학하다

写 xiě 　쓰기

1. 주어진 단어를 중국어의 어순에 맞게 다시 배열하시오.

(1) 不 / 告诉 / 今天 / 他 / 你 / 上课

→ _____

(2) 吃 / 去 / 下午 / 烤鸭 / 全聚德 / 明天 / 怎么样

→ _____

(3) 菜 / 味道 / 的 / 道 / 好 / 那 / 很

→ _____

(4) 这 / 都 / 的 / 她 / 些 / 做 / 是 / 菜

→ _____

2. 다음을 중국어로 작문하시오.

   (1) 이 식당은 몇 년도에 개업했습니까?

   →

   (2) 다른 것도 더 필요하십니까?

   →

   (3) 이 요리는 어떻게 먹습니까?

   →

   (4) 아무래도 다른 날에 가는 편이 좋을 거 같습니다.

   →

   (5) 저는 카오야를 처음 먹습니다.

   →

   | 단어 | □ 道 dào 요리 등을 세는 양사 |

❹ 好吃是好吃，就是有点儿油腻。Hǎochī shì hǎochī, jiùshì yǒudiǎnr yóunì.

중국 문화 3

톈안먼(天安门 [Tiān'ānmén]) 광장과 그 주변

베이징시의 한가운데에 위치하고 있는 톈안먼광장은 동서(500m)보다는 남북(880m)으로 긴 직사각형 모양의 광장으로, 중국 현대사의 분수령을 이루는 중요한 역사적 사건들이 발생하고 진행된 장소로 유명하다. 광장을 중심으로 북쪽에는 '쯔진청(紫禁城)', 남쪽에는 '쳰먼(前门)', 서쪽에는 '인민대회당(人民大会堂)', 동쪽에는 '국가박물관(国家博物馆)'이 자리하고 있다.

- 쯔진청(자금성) (紫禁城 [Zǐjìnchéng])
- 톈안먼(천안문) (天安门 [Tiān'ānmén])
- 인민대회당 (人民大会堂 [Rénmín dàhuìtáng])
- 톈안먼광장(天安门广场 [Tiān'ānmén Guǎngchǎng])
- 마오쩌둥기념당 (毛主席纪念堂 [Máo Zhǔxí Jìniàntáng])
- 국가박물관 (国家博物馆 [Guójiā Bówùguǎn])
- 쳰먼 (前门 [Qiánmén])

70

第五课

让我看看。
Ràng wǒ kànkan.

학습목표

단순 방향보어[A] 请进来。Qǐng jìnlái.

겸어문(1) 让我看看。Ràng wǒ kànkan.

'不[bù] + A + 不[bù] + B'의 용법(1)
这件不大不小，正合适。
Zhè jiàn bú dà bù xiǎo, zhèng héshì.

이중목적어를 가지는 동사 '问[wèn]'의 용법
王莉莉问她能不能便宜一点儿。
Wáng Lìli wèn tā néng bu néng piányi yìdiǎnr.

生词 shēngcí

□□01	百货商场	bǎihuò shāngchǎng	명	백화점
□□02	陪	péi	동	모시다, 동반하다
□□03	售货员	shòuhuòyuán	명	점원, 판매원
□□04	随便	suí//biàn	형	마음대로
□□05	件	jiàn	양	옷(특히 윗옷)을 세는 양사. 벌, 장
□□06	衬衫	chènshān	명	셔츠, 와이셔츠
□□07	条	tiáo	양	강, 길, 끈, 바지 등의 길고 가느다란 것을 세는 양사
□□08	牛仔裤	niúzǎikù	명	청바지
□□09	试	shì	동	시험 삼아 해 보다
□□10	种	zhǒng	양	사람이나 사물을 세는 양사. 종류
□□11	款式	kuǎnshì	명	스타일
□□12	受欢迎	shòu huānyíng		인기 있다, 환영을 받다

*受 shòu 동 받다

□□13	瘦	shòu	형	(몸매가) 마르다, 야위다; (옷 등이) 작다, 꼭 끼다
□□14	穿	chuān	동	입다
□□15	肥	féi	형	살찌다; (옷 등이) 크다, 헐렁하다
□□16	让	ràng	동	……에게 ……하도록 시키다
□□17	正	zhèng	부	마침, 꼭, 딱
□□18	合适	héshì	형	알맞다, 적절하다

☐☐ 19	深	shēn	형	짙다, 깊다
☐☐ 20	浅	qiǎn	형	연하다, 얕다
☐☐ 21	浅色	qiǎnsè	명	연한 색

  *深色 shēnsè 명 진한 색

☐☐ 22	贵	guì	형	비싸다
☐☐ 23	抱歉	bàoqiàn	동	미안하다, 죄송하다
☐☐ 24	讲价	jiǎng//jià	동	가격을 흥정하다
☐☐ 25	白色	báisè	명	흰색
☐☐ 26	收银台	shōuyíntái	명	계산대
☐☐ 27	付	fù	동	지불하다

잠깐 — 틀리기 쉬운 표현

＊견우와 직녀 한 牽牛織女

중 牛郎织女[niúláng zhīnǚ] (우랑과 직녀)

일년에 한 번 칠월칠석에 만나는 견우와 직녀는 떨어져 지내는 부부나 연인을 비유하는 표현으로 쓰인다. 이는 중국에서도 마찬가지다. 분석하자면, 견우는 견우성(牽牛星)에서 유래한 단어인데, 한국에서는 앞의 두 글자를 따서 사용하고 있고, 중국 사람은 견우성(牽牛星)에서 '牛[niú]'만을 취하고 그 뒤에 남자를 뜻하는 접미사 '郎[láng]'을 덧붙혀 여성인 '직녀'와 대비시킨 형태로 쓰고 있다는 점에서 다르다.

❺ 让我看看。Ràng wǒ kànkan.

문법 语法 yǔfǎ

1 단순 방향보어[A]

한 글자 동사 '来[lái]/去[qù]'가 다른 동사의 뒤에 쓰여서 동사의 동작 방향(사람이나 사물의 이동 방향)을 표시할 때, 이를 단순 방향보어[A]라고 한다. 화자의 위치(관점)에서 동사의 동작이 화자 쪽으로 다가오면 '来[lái]', 멀어지면 '去[qù]'를 사용한다. 읽을 때는 원래의 성조보다 조금 가볍게 발음한다.

㉮ 동작이 이미 실현된 상태

> 어순   주어 + 동사 + 来[lái]/去[qù] + 了[le] + 목적어(일반적인 사물)

妈妈　买　　　来　　　了　　　一条小狗。
Māma mǎi　　 lái　　 le　　 yì tiáo xiǎogǒu.

· 你给老师送去了什么礼物？ Nǐ gěi lǎoshī sòng qùle shénme lǐwù?

㉯ 목적어가 장소명사인 경우 혹은 동작이 아직 실현되지 않은 상태

> 어순   주어 + 동사 + 목적어(장소명사/동작의 미실현) + 来[lái]/去[qù]

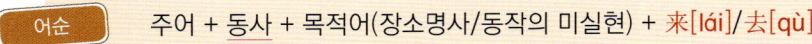

(1) 장소명사(목적어): 王老师进教室去了。 Wáng lǎoshī jìn jiàoshì qù le.
　　　　　　　　她回家去了。 Tā huí jiā qù le.

(2) 동작의 미실현: 拿一杯水来！ Ná yì bēi shuǐ lái!

2 겸어문(1)

'겸어문'이란 첫 번째 동사의 목적어가 두 번째 동사의 주어 역할을 하는 문형을 말한다.

주어	동사₁	목적어₁(사람)	
我	让	他	去。
Wǒ	ràng	tā	qù.
		주어	동사₂

단어
- 条 tiáo 동물을 세는 양사. 마리
- 小狗 xiǎogǒu 강아지
- 送 sòng 보내다
- 礼物 lǐwù 선물
- 教室 jiàoshì 교실
- 拿 ná (손으로) 들다, 집다
- 杯 bēi 컵에 담긴 음료를 세는 양사. 잔, 컵
- 水 shuǐ 물

가 겸어문과 사역문

중국어의 '사역문'은 의미구조상 반드시 겸어문의 형태로 표현된다. 대표적인 사역동사로는 '让 [ràng]', '使[shǐ]', '叫[jiào]' 등이 있으며, 사역동사가 겸어문의 첫 번째 동사의 위치에 온다.

어순 주어 + 동사₁(사역동사) + 목적어₁(사람) + 동사₂ (+ 목적어₂)

谁　　　让　　　你　　　去　　超市?
Shéi　　ràng　　nǐ　　　qù　chāoshì?

- 让我想一想。Ràng wǒ xiǎng yi xiǎng.
- 老师叫我念课文。Lǎoshī jiào wǒ niàn kèwén.
- 这个消息使我们非常伤心。Zhège xiāoxi shǐ wǒmen fēicháng shāng xīn.

나 겸어문과 동사 '陪[péi]'

'陪[péi]'는 겸어문의 첫 번째 동사로 작용하여 '목적어₁(사람)'이 '동사₂'의 동작을 하는데 '(옆에서) 수행하다, 모시다'는 의미를 나타낸다.

어순 주어 + 陪[péi] + 목적어₁(사람) + 동사₂ (+ 목적어₂)

我　　陪　　　你　　去。
Wǒ　 péi　　　nǐ　　qù.

- 今天你陪客人吃晚饭吧。Jīntiān nǐ péi kèrén chī wǎnfàn ba.

단어
- 念 niàn 읽다, 공부하다
- 课文 kèwén 본문
- 消息 xiāoxi 뉴스, 소식
- 伤心 shāng//xīn 슬퍼하다, 상심하다
- 客人 kèrén 손님
- 晚饭 wǎnfàn 저녁밥, 저녁 식사

---

1 가.
- 어머니께서 강아지를 한 마리 사오셨습니다.
- 당신은 선생님께 무슨 선물을 보냈습니까?

나.
- 왕 선생님께서 교실로 들어가셨습니다.
- 그녀는 집으로 돌아갔습니다.
- 물을 한 잔 가져와!

2 · 나는 그에게 가라고 했습니다.

가.
- 누가 당신에게 슈퍼마켓에 가라고 했습니까?
- 나에게 생각을 좀 하게 해주세요.
- 선생님께서 저에게 본문을 읽으라고 하셨습니다.
- 이 소식은 우리들을 굉장히 슬프게 했습니다.

나.
- [직역] 당신이 가시는데 제가 모시겠습니다.
  → 제가 당신을 모시고 가겠습니다.
- [직역] 오늘 손님이 저녁 식사하시는데 당신이 모시세요.
  → 오늘 당신이 손님을 모시고 저녁 식사를 하세요.

❺ 让我看看。Ràng wǒ kànkan.

3 '不[bù] + A + 不[bù] + B'의 용법(1)

'A'와 'B'에 서로 반대의 뜻을 가진 단음절 형용사를 삽입하여 넘치지도 모자라지도 않는 적절한 상태임을 나타낸다.

- 天气不冷不热。Tiānqì bù lěng bú rè.
- 妈妈做的菜不咸不淡。Māma zuò de cài bù xián bú dàn.
- 今天买的裤子不长不短，正合适。Jīntiān mǎi de kùzi bù cháng bù duǎn, zhèng héshì.

4 이중목적어를 가지는 동사 '问[wèn]'의 용법

'问[wèn]'은 '주어 + 问[wèn] + 간접목적어(사람) + 직접목적어'의 형태로 쓰여서 이중목적어를 가질 수 있다. 이 때 '직접목적어'에는 '명사'는 물론이고 '질문의 내용'이 올 수도 있다.

- 我问老师一个问题。Wǒ wèn lǎoshī yí ge wèntí.
- 爸爸问我什么时候出发。Bàba wèn wǒ shénme shíhou chūfā.

참고 이중목적어를 가지는 동사: step2 제8과 (92쪽)

단어
- 冷 lěng 춥다, 차갑다
- 热 rè 덥다, 뜨겁다
- 淡 dàn (맛이) 담백하다, 싱겁다
- 裤子 kùzi 바지
- 出发 chūfā 출발하다

3
- 날씨가 춥지도 덥지도 않습니다.
- 엄마가 만든 요리는 짜지도 싱겁지도 않습니다.
- 오늘 산 바지는 길지도 짧지도 않고 딱 맞습니다.

4
- 제가 선생님에게 질문을 하나 하겠습니다.
- 아버지는 나에게 언제 출발하는지 물었습니다.

본문 课文 kèwén

1 경민이 베이징에 온 지도 벌써 일주일, 무더운 날씨에 베이징을 돌아다니느라 빨래할 틈조차 없었다. 그래서 오늘은 리리의 안내로 백화점에 가서 당장 입을 옷을 좀 사기로 하였다.

金景民
Jīn Jǐngmín
我想逛逛中国的百货商场。
Wǒ xiǎng guàngguang Zhōngguó de bǎihuò shāngchǎng.

王莉莉
Wáng Lìli
我陪你一起去。
Wǒ péi nǐ yìqǐ qù.

(두 사람이 백화점의 의류 매장으로 들어선다.)

售货员
Shòuhuòyuán
欢迎光临！请进来，随便看看。
Huānyíng guānglín! Qǐng jìnlái, suí biàn kànkan.

金景民
Jīn Jǐngmín
我想买一件衬衫和一条牛仔裤。
Wǒ xiǎng mǎi yí jiàn chènshān hé yì tiáo niúzǎikù.

售货员
Shòuhuòyuán
您先试试这件衬衫。这种款式很受欢迎。
Nín xiān shìshi zhè jiàn chènshān. Zhè zhǒng kuǎnshì hěn shòu huānyíng.

金景民
Jīn Jǐngmín
有点儿瘦，我想穿肥一点儿的。
Yǒudiǎnr shòu, wǒ xiǎng chuān féi yìdiǎnr de.

Tip 형용사 '瘦(shòu)/肥(féi)'는 옷, 신발, 양말 등이 자신의 치수에 비하여 '작다/크다'는 의미로도 쓰인다.

새로 나온 단어

百货商场	bǎihuò shāngchǎng	백화점
陪	péi	모시다, 동반하다
售货员	shòuhuòyuán	점원, 판매원
随便	suí//biàn	마음대로
件	jiàn	옷(특히 윗옷)을 세는 양사. 벌, 장
衬衫	chènshān	셔츠, 와이셔츠
条	tiáo	강, 길, 끈, 바지 등의 길고 가느다란 것을 세는 양사
牛仔裤	niúzǎikù	청바지
试	shì	시험 삼아 해 보다
种	zhǒng	사람이나 사물을 세는 양사. 종류
款式	kuǎnshì	스타일
受欢迎	shòu huānyíng	인기 있다, 환영을 받다
*受	shòu	받다
瘦	shòu	(몸매가) 마르다, 야위다; (옷 등이) 작다, 꼭 끼다
穿	chuān	입다
肥	féi	살찌다; (옷 등이) 크다, 헐렁하다

❺ 让我看看。Ràng wǒ kànkan.

王莉莉	让我看看。这件不大不小，正合适。	
Wáng Lìli	Ràng wǒ kànkan. Zhè jiàn bú dà bù xiǎo, zhèng héshì.	

售货员　先生，您再看看这条牛仔裤吧。
Shòuhuòyuán　Xiānsheng, nín zài kànkan zhè tiáo niúzǎikù ba.

金景民　颜色太深了，有没有浅一点儿的?
Jīn Jǐngmín　Yánsè tài shēn le, yǒu méiyǒu qiǎn yìdiǎnr de?

售货员　对不起。我们这儿没有浅色的。
Shòuhuòyuán　Duìbuqǐ. Wǒmen zhèr méiyǒu qiǎnsè de.

金景民　那我只买这件衬衫吧。多少钱?
Jīn Jǐngmín　Nà wǒ zhǐ mǎi zhè jiàn chènshān ba. Duōshao qián?

售货员　二百五十块。
Shòuhuòyuán　Èrbǎi wǔshí kuài.

王莉莉　太贵了。能不能便宜点儿呢?
Wáng Lìli　Tài guì le. Néng bu néng piányi diǎnr ne?

售货员　很抱歉，我们这儿不讲价。
Shòuhuòyuán　Hěn bàoqiàn, wǒmen zhèr bù jiǎngjià.

새로 나온 단어

让	ràng	……에게 ……하도록 시키다	浅色	qiǎnsè	연한 색
正	zhèng	마침, 꼭, 딱	*深色	shēnsè	진한 색
合适	héshì	알맞다, 적절하다	贵	guì	비싸다
深	shēn	짙다, 깊다	抱歉	bàoqiàn	미안하다, 죄송하다
浅	qiǎn	연하다, 얕다	讲价	jiǎng//jià	가격을 흥정하다

❷ 日记 Rìjì

日期　七月七日　星期天　　　天气　小雨
Rìqī　qī yuè qī rì　xīngqītiān　　Tiānqì　xiǎoyǔ

今天我去百货商场买了一件白色的衬衫。我问售货员多少钱，她说："二百五十块。"王莉莉觉得有点儿贵，就问她能不能便宜一点儿。她说："很抱歉，我们这儿不讲价。"没办法，我就去收银台付了钱。

Jīntiān wǒ qù bǎihuò shāngchǎng mǎile yí jiàn báisè de chènshān. Wǒ wèn shòuhuòyuán duōshao qián, tā shuō: "Èrbǎi wǔshí kuài." Wáng Lìli juéde yǒudiǎnr guì, jiù wèn tā néng bu néng piányi yìdiǎnr. Tā shuō: "Hěn bàoqiàn, wǒmen zhèr bù jiǎngjià." Méi bànfǎ, wǒ jiù qù shōuyíntái fùle qián.

새로 나온 단어

白色　báisè　흰색	付　fù　지불하다	
收银台　shōuyíntái　계산대		

❺ 让我看看。Ràng wǒ kànkan.

문형연습 句型练习 jùxíng liànxí 　　기본문형 익히기

我陪你一起去百货商场。
Wǒ péi nǐ yìqǐ qù bǎihuò shāngchǎng.

바꿔 봅시다!

姐姐 jiějie
张先生 Zhāng xiānsheng
中国朋友 Zhōngguó péngyou

바꿔 봅시다!

去看电影 qù kàn diànyǐng
吃晚饭 chī wǎnfàn
逛街 guàng jiē

你让我看看。
Nǐ ràng wǒ kànkan.

바꿔 봅시다!

你 nǐ
老师 lǎoshī
妈妈 māma

바꿔 봅시다!

他尝尝狗不理包子 tā chángchang Gǒubùlǐ bāozi
我写写汉字 wǒ xiěxie Hànzì
爸爸尝尝那道中国菜 bàba chángchang nà dào Zhōngguócài

단어　□ 晚饭 wǎnfàn 저녁밥, 저녁 식사　　□ 汉字 Hànzì 한자　　□ 道 dào 요리를 세는 양사

这件不大不小，正合适。
Zhè jiàn bú dà bù xiǎo, zhèng héshì.

바꿔 봅시다!

这件 Zhè jiàn	瘦 shòu	肥 féi
这条 Zhè tiáo	长 cháng	短 duǎn
颜色 Yánsè	深 shēn	浅 qiǎn

我问售货员多少钱。
Wǒ wèn shòuhuòyuán duōshao qián.

바꿔 봅시다!

我问售货员 wǒ wèn shòuhuòyuán	能不能便宜一点儿 néng bu néng piányi yìdiǎnr
她告诉我 tā gàosu wǒ	烤鸭的吃法 kǎoyā de chīfǎ
你告诉他 nǐ gàosu tā	明天不上汉语课 míngtiān bú shàng Hànyǔ kè

❺ 让我看看。Ràng wǒ kànkan.

연습문제 练习 liànxí

听 tīng 듣기

1. 남녀의 대화 내용에 근거하여 정답을 찾으시오.

   (1) A 自己穿的衬衫　　　　B 女朋友的衬衫　　　　　　　C 爸爸的衬衫

   (2) A 最近瘦了　　　　　　B 没有合适的衣服了　　　　　C 每天晚上八点吃晚饭

   (3) A 想吃点儿美食　　　　B 想上网查查宾馆有没有空房间　C 想剪头发

   (4) A 五百块　　　　　　　B 六百块　　　　　　　　　　C 不知道

   (5) A 两个人　　　　　　　B 三个人　　　　　　　　　　C 四个人

   단어　□ 衣服 yīfu 옷

2. 녹음을 잘 듣고 주어진 명제의 옳고 그름을 판단하시오.

   (1) ★ 很多人都想买这件衬衫。　　　　　　　(　　)

   (2) ★ 他们在百货商场。　　　　　　　　　　(　　)

   (3) ★ 我现在在家里。　　　　　　　　　　　(　　)

   (4) ★ 今天是星期六。　　　　　　　　　　　(　　)

   단어　□ 冷 lěng 춥다, 차갑다　　□ 热 rè 덥다, 뜨겁다　　□ 季节 jìjié 계절
   □ 家人 jiārén (한 집안의) 식구, 가족

阅读 yuèdú 읽기

1. 보기에서 적당한 단어를 골라 빈칸을 채우시오.

   | 보기 | 有点儿　一点儿　陪　了　让 |

   (1) 爸爸妈妈不(　　　)我喝可乐。

   (2) 我想买便宜(　　　)的。

   (3) 昨天中午我吃(　　　)午饭就去图书馆(　　　)。

   (4) 这件衬衫(　　　)贵。

   (5) 我(　　　)你一起去逛百货商场。

2. 서로 관련 있는 것들끼리 짝을 지으시오.

   A　那家的菜怎么样?
   B　有点儿难，可是很有意思。
   C　你什么时候去中国历史博物馆?
   D　谢谢你，都好了。
   E　家人都很忙，没有人陪她去。

   (1) 吃了午饭就去。　　　□

   (2) 你身体好点儿了吗?　□

   (3) 又便宜又好吃。我很喜欢那家的菜。　□

   (4) 明天谁陪你妈妈去医院呢?　□

   (5) 你觉得汉语难吗?　□

说 shuō 말하기

다음 질문에 답하시오.

(1) 你喜欢逛百货商场吗?

→ _____

(2) 你现在穿的衣服是在哪儿买的?

→ _____

(3) 你喜欢深色还是浅色?

→ _____

(4) 你觉得韩国的牛仔裤贵不贵?

→ _____

(5) 在韩国，一件衬衫一般多少钱?

→ _____

단어　衣服 yīfu 옷

写 xiě 쓰기

1. 주어진 단어를 중국어의 어순에 맞게 다시 배열하시오.

(1) 不 / 不 / 正 / 这 / 衬衫 / 合适 / 大 / 小 / 件

→ _____

(2) 难 / 觉得 / 我 / 有点儿 / 汉语

→ _____

(3) 会 / 一会儿 / 一点儿 / 休息 / 好 / 身体

→ _____

(4) 衬衫 / 我 / 多少钱 / 售货员 / 这 / 问 / 件

→ _____

2. 다음을 중국어로 작문하시오.

   (1) 편히 둘러 보세요.

   →

   (2) 이 셔츠는 크지도 작지도 않고, 딱 맞습니다.

   →

   (3) 저는 판매원에게 얼마인지를 묻습니다.

   →

   (4) 하는 수 없이 저는 계산대로 가서 돈을 지불했습니다.

   →

   (5) 우리 영화 보고 나서 바로 백화점 구경하러 갑시다.

   →

중국 문화 4

쓰허위안(四合院[sìhéyuàn])

쓰허위안(사합원)은 베이징을 포함한 중국 북방 전역에서 볼 수 있는 전형적인 건축 양식이다. 동서남북 네(四) 방향에 있는 방이 합(合)쳐져서 '입 구(口)'자 형태의 사각형을 이룬다고 해서 '四合院'이라는 이름을 가지게 되었다. 집안의 가장은 북쪽방(北房)에 거주하고, 아들이나 손자는 동쪽방(东厢房) 혹은 서쪽방(西厢房)에 거주한다. 남쪽방(南房)은 손님 방이나 사랑방으로 쓰이고, 가운데에 정원이 있다.

두 개의 쓰허위안이 합쳐진 구조의 큰 쓰허위안은 '날 일(日)'자 형태, 세 개가 합쳐진 좀 더 큰 쓰허위안은 '눈 목(目)'자 형태를 보이는데, 이런 화려한 쓰허위안을 별도로 '大宅门[dàzháimén]'이라고 한다.

최근 베이징에서는 수많은 사합원들이 도심 재개발의 희생양이 되어 사라지고 있다. 때문에 최근에는 보존할 가치가 있는 아름다운 쓰허위안을 사비를 들여 구입하여 파괴로부터 보호하려고 하는 시민운동이 활발하다.

第六课
전반부 총복습

- 본문 복습
- 새로 나온 단어
- 문법 사항 복습

본문복습

我 七月 一号 下午 两点 到 的 北京
Wǒ qī yuè yī hào xiàwǔ liǎng diǎn dào de Běijīng
首都 机场。从 机场 坐 大巴 去了 北京
Shǒudū Jīchǎng. Cóng jīchǎng zuò dàbā qùle Běijīng
火车站，在 那儿 附近 找了 一家 宾馆
huǒchēzhàn, zài nàr fùjìn zhǎole yì jiā bīnguǎn
住了 三天。七月 四号 我 才 给 王莉莉
zhùle sān tiān. Qī yuè sì hào wǒ cái gěi Wáng Lìli
打 的 电话。她 带 我 去 逛了 很 多 地方。
dǎ de diànhuà. Tā dài wǒ qù guàngle hěn duō dìfang.
其中 印象 最 深 的 是 王府井 大街， 那
Qízhōng yìnxiàng zuì shēn de shì Wángfǔjǐng Dàjiē. Nà-
儿 是 北京 最 有名 的 商业区， 真是 应
r shì Běijīng zuì yǒumíng de shāngyèqū, zhēn shì yīng-

새로 나온 단어

其中	qízhōng	그 중(에)
印象	yìnxiàng	인상
商业区	shāngyèqū	상업지구

고유명사

王府井　Wángfǔjǐng　왕푸징

有尽有，在那儿你可以大饱眼福、大饱口福。我还去中国的百货商场买了一件衬衫，是最近很受欢迎的款式。我很喜欢那件衬衫，但是王莉莉觉得那件有点儿贵。

yǒu jìnyǒu, zài nàr nǐ kěyǐ dàbǎo yǎnfú, dàbǎo kǒufú. Wǒ hái qù Zhōngguó de bǎihuò shāngchǎng mǎile yí jiàn chènshān, shì zuìjìn hěn shòu huānyíng de kuǎnshì. Wǒ hěn xǐhuan nà jiàn chènshān, dànshì Wáng Lìli juéde nà jiàn yǒudiǎnr guì.

새로 나온 단어

应有尽有 yīngyǒu jìnyǒu 있어야 할 것은 빠짐 없이 갖추고 있다, 없는 것이 없다.

大饱眼福 dàbǎo yǎnfú 보는 즐거움을 만끽하다

大饱口福 dàbǎo kǒufú 먹는 즐거움을 만끽하다

문법 사항 복습

A. 연동문

> **가. 연동문(1): 동사₁이 동사₂의 수단이나 방법을 나타낸다.**
> 어순: 주어 + 동사₁ + 목적어₁ + 동사₂ + 목적어₂

❶ 그는 비행기를 타고 그 곳에 갑니다.(地方 dìfang 곳, 장소)

⇨ _____

❷ 나는 지하철을 타고 그들 학교에 갑니다. ⇨ _____

❸ 그는 버스를 타고 자기 여동생 집에 갑니다.(公共汽车 gōnggòng qìchē: 버스)

⇨ _____

> **나. 연동문(2): 동사₂가 동사₁의 목적을 나타낸다.**
> 어순: 주어 + 동사₁(去[qù]/来[lái]) + 목적어₁ + 동사₂ + 목적어₂

❶ 그는 요리를 하나 먹으러 그 식당에 갑니다.(道 dào: 요리를 세는 양사)

⇨ _____

❷ 그는 옷을 한 벌 사러 백화점에 갑니다.(衣服 yīfu: 옷) ⇨ _____

❸ 그는 친구를 한 명 만나러 텐안먼광장에 갑니다. ⇨ _____

> **다. 연동문과 '了₁[le]': 완료를 나타내는 조사 '了₁[le]'는 연동문의 마지막 동사의 뒤에 온다.**
> 어순: 주어 + 동사₁ + 목적어₁ + 동사₂ + 了₁[le] + 목적어₂

❶ 그는 비행기를 타고 그 곳에 갔습니다. ⇨ _____

❷ 나는 지하철을 타고 그들 학교에 갔습니다. ⇨ _____

❸ 그는 버스를 타고 자기 여동생 집에 갔습니다. ⇨ _____

❹ 그는 요리를 하나 먹으러 그 식당에 갔습니다. ⇨ _____

❺ 그는 옷을 한 벌 사러 백화점에 갔습니다. ⇨ _____

❻ 그는 친구를 한 명 만나러 텐안먼광장에 갔습니다. ⇨ _____

B. '这样[zhèyàng]'의 용법

> 주로 동사(구)의 앞에서 수단이나 방법을 지시하는 느낌으로 '이렇게'라는 뜻을 나타낸다.
> 어순: 这样[zhèyàng] + 동사(구)

❶ 이렇게 채우면 됩니까? ⇨

❷ 이렇게 쓰면 됩니까? ⇨

C. 부사 '再[zài]'와 '又[yòu]'의 비교

> 가. 부사 '再[zài]': 미래의 반복 상황
> 　　동일한 동작 혹은 상태가 앞으로 반복되거나 계속됨을 나타낸다.

❶ 저는 내일 다시 오겠습니다. ⇨

❷ 제가 잠시 뒤에 다시 전화 드리겠습니다. ⇨

❸ 또 놀러 오세요.(玩儿 wánr: 놀다) ⇨

> 나. 부사 '又[yòu]': 이미 발생한 반복 상황
> 　　동일한 동작이 다시 한 번 발생하였음을 나타낸다.

❶ 그는 오늘 또 왔습니다. ⇨

❷ 그는 잠시 뒤에 그녀에게 또 전화를 했습니다. ⇨

❸ 그는 또 놀러 왔습니다. ⇨

D. 부사 '就[jiù]'와 '才[cái]'의 비교

> 가. 부사 '就[jiù]': 동작이 예정보다 빨리, 순조롭게 이루어짐을 나타낸다.

❶ 그는 아파서, 저녁 8시인데 벌써 잡니다. ⇨

❷ 그의 집은 학교에서 가깝습니다. 걸어서 5분이면 도착합니다.

⇨

❸ 영화는 2시에 시작하는데, 그들은 1시에 벌써 도착했습니다.

⇨

나. 부사 '才[cái]': 동작이 예정보다 늦게, 순조롭지 않게 이루어짐을 나타낸다.

❶ 그는 매일 오전 10시에야 도서관에 갑니다. ⇨

❷ 그는 매일 저녁 11시에야 잠을 잡니다. ⇨

❸ 저는 오늘에야 그를 알게 됐습니다. ⇨

E. 명사의 장소화(1)

명사(주로 사람) 혹은 인칭대명사의 바로 뒤에 '这儿[zhèr]·这里[zhèli]' 혹은 '那儿[nàr]·那里[nàli]'를 써서 그 사람(사물)이 있는 장소를 나타낸다.
어순: 명사/인칭대명사 + 这儿[zhèr]·这里[zhèli]/ 那儿[nàr]·那里[nàli]

❶ 제가 곧 당신에게 가겠습니다. ⇨

❷ 그는 여자친구에게 갔습니다. ⇨

❸ 당신이 그에게 가서, 그에게 알려주세요. ⇨

F. '동사(구)/형용사(구) + 的[de] + 时候[shíhou]'의 용법

'……할 때'라는 뜻을 나타낸다.

❶ 이 셔츠는 백화점 구경할 때 산 겁니다. ⇨

❷ 중국 사람은 식사할 때 많은 말을 합니다.(说话 shuō//huà: 말하다)

⇨

❸ 그녀는 웃을 때 예쁩니다.(笑 xiào: 웃다) ⇨

G. 양보를 이끄는 '是[shì]'의 용법

'是[shì]'의 앞뒤에 동일한 문법 성분을 배치하여 스스로 인정할 수 있는 최소한의 내용을 언급한 다음, 그 뒤에 그와 반대되는 내용을 진술한다.
어순: A + 是[shì] + A, ……(앞 구절과 반대되는 내용)

❶ 물건이 좋기는 좋지만, 좀 비쌉니다. ⇨

❷ 오늘 저는 힘들긴 힘들었지만, 재미 있었습니다.

⇨

❸ 프라이드 치킨은 맛있긴 맛있지만, 좀 느끼합니다.

⇨

H. 개사 '除了[chúle]'의 용법(1)

'还[hái]' + '也[yě]'와 결합하여, 이미 알고 있는 'A'를 제외하고, 새롭게 알게 된 또 다른 'B'도 있다는 점을 강조한다.
어순: 除了[chúle] + A (+ 以外[yǐwài]), 还[hái]/也[yě] + B

❶ 그는 쟈오야 이외에도, 많은 중국 요리를 먹어봤습니다.

⇨

❷ 그는 중국 이외에도, 많은 나라들을 가 봤습니다.(国家 guójiā: 국가, 나라)

⇨

❸ 그는 중국어 이외에도, 많은 외국어를 말할 줄 압니다.(外语 wàiyǔ: 외국어)

⇨

I. 부사 '还是[háishi]'의 용법

몇 가지 선택사항을 서로 비교한 끝에 좀 더 나은 쪽을 '还是[háishi]'의 다음에 표시한다.
어순: 还是[háishi] + 동사(구) (+ 比较[bǐjiào]/的[de]) + 好[hǎo]

❶ 오늘은 토요일이라 사람이 많습니다. 하지만 저는 그래도 오늘 가겠습니다.

⇨

❷ 지금은 12시라 식당에 사람이 많습니다. 하지만 저는 그래도 지금 먹으러 가겠습니다.

⇨

❸ 그는 저를 좋아하지 않습니다. 하지만 저는 그래도 그를 좋아합니다.

⇨

J. 단순방향보어[A]

> 동작 방향이 화자에게 다가오면 '来[lái]', 멀어지면 '去[qù]'를 사용한다.
> 가. 동작이 이미 실현된 상태
>   어순: 주어 + 동사 + 来[lái]/去[qù] + 了[le] + 목적어(일반적인 사물)
> 나. 목적어가 장소명사인 경우 혹은 동작이 아직 실현되지 않은 상태
>   어순: 주어 + 동사 + 목적어 + 来[lái]/去[qù]

❶ 그는 수박 하나를 사왔습니다. ⇨ _____

❷ 커피 한 잔 가져오세요.(杯 bēi: 컵에 담긴 음료를 세는 양사. 잔, 컵)

  ⇨ _____

❸ 그는 집으로 돌아갔습니다. ⇨ _____

K. 겸어문(1) – 사역문

> '让[ràng]' 등의 사역동사는 겸어문의 첫 번째 동사로 쓰여서 '……으로 하여금……하게 하다'는 뜻을 표현한다.
> 어순: 주어 + 동사₁(사역동사) + 목적어₁(사람) + 동사₂ + 목적어₂

❶ 엄마는 저에게 밥을 먹으라고 합니다. ⇨ _____

❷ 그는 저에게 숙제를 하라고 합니다. ⇨ _____

❸ 우리 아버지는 저에게 중국어를 공부하라고 하십니다. ⇨ _____

L. '不[bù] + A + 不[bù] + B'의 용법(1)

> 'A'와 'B'에 서로 반대의 뜻을 가진 단음절 형용사를 삽입하여 넘치지도 모자라지도 않는 적절한 상태임을 나타낸다.

❶ 이 셔츠는 크지도 않고 작지도 않고, 딱 맞습니다. ⇨ _____

❷ 이 청바지는 길지도 않고 짧지도 않고, 딱 맞습니다. ⇨ _____

❸ 이 옷의 색깔은 진하지도 않고 연하지도 않고, 딱 좋습니다. (衣服 yīfu: 옷)

  ⇨ _____

第七课

咱们一边吃一边聊吧。
Zánmen yìbiān chī yìbiān liáo ba.

학습목표

겸어문과 연동문의 결합
伯父邀请我来家里吃饭。Bófù yāoqǐng wǒ lái jiā li chī fàn.

'一边[yìbiān]……一边[yìbiān]……'의 용법
咱们一边吃一边聊吧。Zánmen yìbiān chī yìbiān liáo ba.

금지를 나타내는 '别[bié]'의 용법 你别客气。Nǐ bié kèqi.

동사를 수식하는 단음절 형용사 多吃点儿。Duō chī diǎnr.

'不过[búguò]……而已[éryǐ]'의 용법
不过是一顿饭而已。Búguò shì yí dùn fàn éryǐ.

단어 生词 shēngcí

☐☐ 01	伯父	bófù	명 백부, 큰아버지; 아저씨
☐☐ 02	伯母	bómǔ	명 백모, 큰어머니; 아주머니
☐☐ 03	邀请	yāoqǐng	동 초대하다
☐☐ 04	长	zhǎng	동 자라다, 생기다
☐☐ 05	挺	tǐng	부 매우, 꽤
☐☐ 06	帅	shuài	형 멋지다
☐☐ 07	过奖	guòjiǎng	동 과찬이십니다, 지나친 칭찬입니다
☐☐ 08	饿	è	형 배(가) 고프다
☐☐ 09	一边……一边……	yìbiān……yìbiān……	……하면서……하다
☐☐ 10	聊	liáo	동 한담하다, 잡담을 나누다
☐☐ 11	别	bié	부 ……하지 마라
☐☐ 12	客气	kèqi	형 예의를 차리다, 정중하다, 사양하다
☐☐ 13	多	duō	부 많이
☐☐ 14	手艺	shǒuyì	명 솜씨
☐☐ 15	每	měi	대 매, ……마다
☐☐ 16	道	dào	양 요리 등을 세는 양사
☐☐ 17	可口	kěkǒu	형 맛있다, 입에 맞다
☐☐ 18	胖	pàng	형 뚱뚱하다, (살이) 찌다
☐☐ 19	衣服	yīfu	명 옷
☐☐ 20	快……了	kuài……le	곧 ……할 것이다
☐☐ 21	哎哟	āiyō	감 (괴로움, 놀라움 등을 느꼈을 때 내는 소리) 아이고, 어이쿠, 어머나
☐☐ 22	离	lí	동 떠나다, 헤어지다
☐☐ 23	体贴	tǐtiē	동 자상하게 돌보다

☐☐ 24	父母	fùmǔ	명	부모	
☐☐ 25	添	tiān	동	보태다, 더하다	
☐☐ 26	少	shǎo	형	적다	
☐☐ 27	麻烦	máfan	형	번거롭다 ; 명 번거로움	
☐☐ 28	不好意思	bù hǎoyìsi		부끄럽다, 쑥스럽다, 미안하다	
☐☐ 29	不过	búguò	부	그저 ……에 지나지 않다	
☐☐ 30	顿	dùn	양	끼니를 세는 양사. 끼	
☐☐ 31	而已	éryǐ	조	……일뿐	
☐☐ 32	做客	zuò//kè	동	손님이 되다, (남의 집에 손님이 되어) 방문하다	
☐☐ 33	(一)家人	(yì)jiārén	명	(한 집안) 식구, 가족	
☐☐ 34	碗	wǎn	양	공기 그릇에 담긴 음식을 세는 양사. 그릇, 공기	
☐☐ 35	饱	bǎo	형	배(가) 부르다	

잠깐 틀리기 쉬운 표현

＊연애(戀愛)를 하다 한 연애(戀愛)를 하다
중 谈恋爱[tán liàn'ài]

우리말의 '하다'는 대부분 중국어로는 '做[zuò]'라고 생각하기 쉽다. 물론 그런 경우가 많기는 하지만, 그렇지 않은 경우도 적지 않다. '연애를 하다'라는 숙어 표현이 바로 그런 케이스이다. 종종 '做恋爱[zuò liàn'ài]'라고 잘못 말하는 한국 학생이 있는데, 중국어로는 '谈恋爱[tán liàn'ài]', 직역하면 '연애를 말하다'라고 표현한다.

❼ 咱们一边吃一边聊吧。 Zánmen yìbiān chī yìbiān liáo ba.

문법 语法 yǔfǎ

1 겸어문과 연동문의 결합

겸어문 속에 연동문이 포함되어 있는 문형이다.

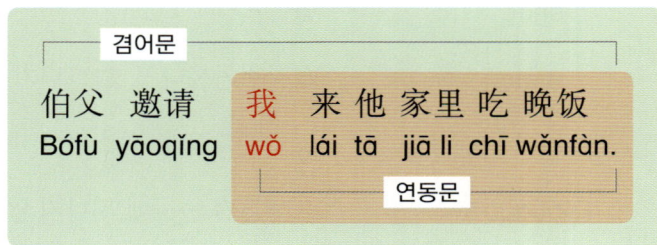

- 我陪孩子们去博物馆参观展览。Wǒ péi háizimen qù bówùguǎn cānguān zhǎnlǎn.
- 王老师要求我们用汉语写一篇日记。
  Wáng lǎoshī yāoqiú wǒmen yòng Hànyǔ xiě yì piān rìjì.

2 '一边[yìbiān]……一边[yìbiān] ……'의 용법

'A'와 'B' 두 가지 동작이 동시에 진행됨을 나타낸다. 'A'와 'B'에는 동사(구)만 들어갈 수 있다.

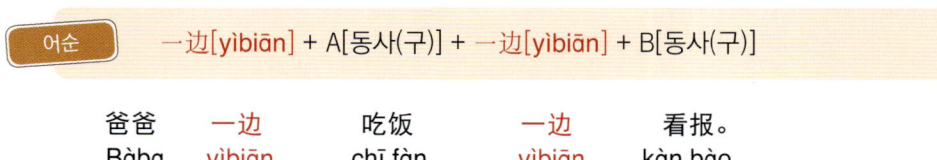

爸爸　一边　　吃饭　　一边　　看报。
Bàba　yìbiān　chī fàn　yìbiān　kàn bào.

- 孩子们一边唱歌一边跳舞。Háizimen yìbiān chàng gē yìbiān tiào wǔ.

단어

- 晚饭 wǎnfàn 저녁밥, 저녁 식사
- 孩子们 háizimen 아이들, 어린이들
- 博物馆 bówùguǎn 박물관
- 参观 cānguān 참관하다
- 展览 zhǎnlǎn 전람회
- 要求 yāoqiú 요구하다
- 篇 piān 문장 등을 세는 양사. 편
- 看报 kàn//bào 신문을 읽다
- 唱歌 chàng//gē 노래를 하다
- 跳舞 tiào//wǔ 춤을 추다

3 금지를 나타내는 '别[bié]'의 용법

'别[bié]'는 특정한 행동에 대한 금지 혹은 제지를 나타내는 부정사로, 주의를 환기하는 의미로 쓰이기도 한다. 이 경우, 주어는 흔히 생략된다.

> **어순**   别[bié] + 동사(구) (+ 了[le]) (+ 기타)

别　　说话！
Bié　shuō huà!

- 别忘了锁门！ Bié wàngle suǒ mén!
- 到那儿以后，别忘了给妈妈写信。Dào nàr yǐhòu, bié wàngle gěi māma xiě xìn.

4 동사를 수식하는 단음절 형용사

동사를 수식하는 성분을 '부사어(状语zhuàngyǔ)'라고 하는데, 대부분의 단음절 형용사는 단독으로 동사의 수식성분(부사어)이 될 수 없다. 그러나 '多[duō]', '少[shǎo]', '早[zǎo]', '晚[wǎn]', '快[kuài]' 등 소수의 단음절 형용사는 동사를 직접 수식할 수 있다. 이러한 문형은 대부분 명령문의 느낌을 가지게 된다.

- 少说几句吧！ Shǎo shuō jǐ jù ba.
- 请多保重! Qǐng duō bǎozhòng!
- 快上车吧！ Kuài shàng chē ba!

단어
- 说话 shuō//huà 말하다, 이야기하다
- 忘 wàng 잊다
- 锁 suǒ (열쇠로) 잠그다
- 门 mén 문, 도어
- 句 jù 말이나 시(詩)의 구절을 세는 양사. 마디, 문장
- 保重 bǎozhòng 몸조심하다, 건강에 주의하다
- 上车 shàng//chē 승차하다, 차에 타다

1
- 큰아버지께서 제가 그 분 댁에 가서 저녁 식사를 하게 초대하셨습니다.
- [직역] 아이들이 전람회를 참관하러 박물관에 가는 것을 제가 인솔합니다.
  → 저는 아이들을 데리고 전람회를 참관하러 박물관에 갑니다.
- 왕 선생님께서 우리들에게 중국어로 일기를 한 편 쓰라고 요구하십니다.

2
- 아버지께서 식사를 하시면서 신문을 읽으십니다.
- 아이들은 노래를 하면서 춤을 춥니다.

3
- 말하지 마라!
- 문 잠그는 걸 잊지 마라!
- 그 곳에 도착한 다음, 엄마에게 편지 쓰는 걸 잊지 마라!

4
- [직역] 몇 마디를 적게 말하다.
  → 말 좀 그만 해라!
- 부디 몸조심하시기 바랍니다!
- 빨리 승차하세요!

❼ 咱们一边吃一边聊吧。 Zánmen yìbiān chī yìbiān liáo ba.

5 '不过[búguò]……而已[éryǐ]'의 용법

'不过[búguò]'와 '而已[éryǐ]'의 사이에 주로 동사(구)를 삽입하여 '그저(다만) ……에 불과할 뿐'이라는 뜻을 나타낸다. 일반적으로 정도나 범위가 대단하지 않음을 표현하는 문형으로, 겸양의 느낌도 숨어 있다. '不过[búguò]'의 앞에 부사 '只[zhǐ]'를 덧붙여 강조하기도 한다.

- 我不过随便说说而已。Wǒ búguò suí biàn shuōshuo éryǐ.
- 你写得很好，只不过还需要补充一些内容而已。
  Nǐ xiě de hěn hǎo, zhǐ búguò hái xūyào bǔchōng yìxiē nèiróng éryǐ.

단어　　需要 xūyào 필요하다　　补充 bǔchōng 보충하다　　内容 nèiróng 내용

5
- 저는 그냥 생각나는 대로 말해본 것일 뿐입니다.
- 정말 잘 썼어요. 다만 몇 가지 내용을 좀 더 보충할 필요가 있을 뿐입니다.

본문 课文 kèwén

1 경민은 오늘 리리의 집에 초대를 받았다. 리리의 집은 중국의 평범한 가정이지만, 중국의 가정집을 처음 방문하는 경민은 무척 긴장한 상태이다.

金景民 / Jīn Jǐngmín: 谢谢伯父、伯母邀请我来家里吃饭。
Xièxie bófù, bómǔ yāoqǐng wǒ lái jiā li chī fàn.

王爸爸 / Wáng bàba: 你说汉语说得真好，长得也挺帅的。
Nǐ shuō Hànyǔ shuō de zhēn hǎo, zhǎng de yě tǐng shuài de.

金景民 / Jīn Jǐngmín: 过奖过奖。
Guòjiǎng guòjiǎng.

王妈妈 / Wáng māma: 你饿了吧？咱们一边吃一边聊吧。
Nǐ è le ba? Zánmen yìbiān chī yìbiān liáo ba.

王爸爸 / Wáng bàba: 你别客气，多吃点儿。
Nǐ bié kèqi, duō chī diǎnr.

金景民 / Jīn Jǐngmín: 好的。
Hǎo de.

새로 나온 단어

伯父	bófù	백부, 큰아버지; 아저씨
伯母	bómǔ	백모, 큰어머니; 아주머니
邀请	yāoqǐng	초대하다
长	zhǎng	자라다, 생기다
挺	tǐng	매우, 꽤
帅	shuài	멋지다
过奖	guòjiǎng	과찬이십니다, 지나친 칭찬입니다
饿	è	배(가) 고프다
一边……一边……	yìbiān…… yìbiān……	……하면서……하다
聊	liáo	한담하다, 잡담을 나누다
别	bié	……하지 마라
客气	kèqi	예의를 차리다, 정중하다, 사양하다
多	duō	많이

❼ 咱们一边吃一边聊吧。Zánmen yìbiān chī yìbiān liáo ba.

(요리를 배불리 먹은 다음)

金景民 伯母，您的手艺真好！每道菜都可口好吃。
Jīn Jǐngmín　Bómǔ, nín de shǒuyì zhēn hǎo! Měi dào cài dōu kěkǒu hǎochī.

王莉莉 所以我回来以后，胖了十斤。
Wáng Lìli　Suǒyǐ wǒ huí lái yǐhòu, pàngle shí jīn.
衣服都快不合适了。
Yīfu dōu kuài bù héshì le.

> **Tip**
> '斤(jīn)'은 전통적인 무게 단위인 '근'으로, '쇠고기', '돼지고기'는 물론 '과일', '물만두', '체중' 등 우리나라에서는 '근'을 무게 단위로 사용하지 않는 물건에도 '斤(jīn)'을 사용하고 있다.

王妈妈 哎哟，莉莉离家一年，会体贴父母了。
Wáng māma　Āiyō, Lìli lí jiā yì nián, huì tǐtiē fùmǔ le.

金景民 今天我给你们添了不少麻烦，真不好意思。
Jīn Jǐngmín　Jīntiān wǒ gěi nǐmen tiānle bùshǎo máfan, zhēn bù hǎoyìsi.

王妈妈 这有什么，不过是一顿饭而已。
Wáng māma　Zhè yǒu shénme, búguò shì yí dùn fàn éryǐ.

> **Tip**
> '快(kuài)……了(le)'는 '곧……할 것이다'는 뜻의 가까운 미래를 나타내는 표현으로, 달리 '快要(kuàiyào)……了(le)'라고도 한다. (step2 제11과 (128쪽) 참고)

새로 나온 단어

手艺	shǒuyì	솜씨
每	měi	매, ……마다
道	dào	요리 등을 세는 양사
可口	kěkǒu	맛있다, 입에 맞다
胖	pàng	뚱뚱하다, (살이) 찌다
衣服	yīfu	옷
快……了	kuài……le	곧 ……할 것이다
哎哟	āiyō	(괴로움, 놀라움 등을 느꼈을 때 내는 소리) 아이고, 어이쿠, 어머나
离	lí	떠나다, 헤어지다
体贴	tǐtiē	자상하게 돌보다
父母	fùmǔ	부모
添	tiān	보태다, 더하다
少	shǎo	적다
麻烦	máfan	번거롭다; 번거로움
不好意思	bù hǎoyìsi	부끄럽다, 쑥스럽다, 미안하다
不过	búguò	그저 ……에 지나지 않다
顿	dùn	끼니를 세는 양사. 끼
而已	éryǐ	……일뿐

❷ 日记 Rìjì

日期	七月十日 星期三	天气	阴转晴
Rìqī	qī yuè shí rì xīngqīsān	Tiānqì	yīn zhuǎn qíng

今天我去王莉莉家做客。他们一家人都很客气。伯母的手艺非常好，做菜做得很好吃。我吃了两碗饭，吃得特别饱。

Jīntiān wǒ qù Wáng Lìli jiā zuò kè. Tāmen yìjiārén dōu hěn kèqi. Bómǔ de shǒuyì fēicháng hǎo, zuò cài zuò de hěn hǎochī. Wǒ chīle liǎng wǎn fàn, chī de tèbié bǎo.

새로 나온 단어

做客	zuò//kè	손님이 되다, (남의 집에 손님이 되어) 방문하다	碗	wǎn	공기 그릇에 담긴 음식을 세는 양사. 그릇, 공기
(一)家人	(yì)jiārén	(한 집안) 식구, 가족	饱	bǎo	배(가) 부르다

❼ 咱们一边吃一边聊吧。Zánmen yìbiān chī yìbiān liáo ba.

문형연습 句型练习 jùxíng liànxí 기본문형 익히기

咱们一边吃一边聊吧。
Zánmen yìbiān chī yìbiān liáo ba.

바꿔 봅시다!

咱们 zánmen	喝 hē	聊吧 liáo ba
爸爸 bàba	看报纸 kàn bàozhǐ	吃饭 chī fàn
他 tā	打手机 dǎ shǒujī	看电影 kàn diànyǐng

多吃点儿。
Duō chī diǎnr.

바꿔 봅시다!

喝 hē
看 kàn
说 shuō

단어
- 报纸 bàozhǐ 신문, 신문지

每道菜都可口好吃。
Měi dào cài dōu kěkǒu hǎochī.

바꿔 봅시다!

件衣服 jiàn yīfu
条裤子 tiáo kùzi
条裙子 tiáo qúnzi

바꿔 봅시다!

很漂亮 hěn piàoliang
太长了 tài cháng le
太短了 tài duǎn le

这有什么，不过是一顿饭而已。
Zhè yǒu shénme, búguò shì yí dùn fàn éryǐ.

바꿔 봅시다!

杯茶 bēi chá
本书 běn shū
件衬衫 jiàn chènshān

단어
- 裤子 kùzi 바지
- 裙子 qúnzi 치마
- 杯 bēi 컵에 담긴 음료를 세는 양사. 잔, 컵
- 本 běn 책을 세는 양사. 권

❼ 咱们一边吃一边聊吧。Zánmen yìbiān chī yìbiān liáo ba.

연습문제 练习 liànxí

听 tīng 듣기

1. 남녀의 대화 내용에 근거하여 정답을 찾으시오.

(1) A 王老师没有邀请男的吃饭　B 王老师家太小了，家里坐不下两个人　C 王老师不喜欢男的

(2) A 每天都不吃晚饭　B 不吃早饭　C 一天吃三顿

(3) A 八九斤　B 十斤　C 十二三斤

(4) A 吃得太饱了，不想再吃了　B 给妈妈添了很多麻烦　C 女的做的菜很好吃

(5) A 差一刻八点　B 八点　C 八点一刻

단어　□ 晚饭 wǎnfàn 저녁밥, 저녁 식사　□ 早饭 zǎofàn 아침밥, 아침 식사

2. 녹음을 잘 듣고 주어진 명제의 옳고 그름을 판단하시오.

(1) ★ 我已经写了十年的日记了。　（　　）

(2) ★ 我弟弟住在中国。　（　　）

(3) ★ 我常去王府井。　（　　）

(4) ★ 我吃过朋友妈妈做的菜。　（　　）

단어　□ 那么 nàme 저렇게, 그렇게

阅读 yuèdú 읽기

1. 보기에서 적당한 단어를 골라 빈칸을 채우시오.

보기　　道　　不过　　一边　　离　　多

(1) 咱们(　　)吃(　　)聊吧。

(2) 每(　　)菜都可口好吃。

(3) 她(　　)家已经一年了。

(4) 医生让我爸爸(　　)吃蔬菜。

(5) 这有什么，(　　)是一顿饭而已。

단어　□ 蔬菜 shūcài 채소

2. 서로 관련 있는 것들끼리 짝을 지으시오.

A　今天我请你们吃饭。
B　我常常用汉语给中国朋友写信。
C　挺帅的。
D　咱们现在就去看电影吧。
E　我可以再吃一个吗？

(1) 你能用汉语写信吗？　　□

(2) 你已经吃得太多了。别吃了。　　□

(3) 我饿了。先吃了饭再去看，怎么样？　　□

(4) 你们想吃什么？　　□

(5) 他长得怎么样？　　□

❼ 咱们一边吃一边聊吧。Zánmen yìbiān chī yìbiān liáo ba.

说 shuō 말하기

다음 질문에 답하시오.

(1) 你邀请中国朋友去你家里吃过饭吗?
→ _____

(2) 你觉得你长得帅不帅? / 你觉得你长得漂亮不漂亮?
→ _____

(3) 你妈妈的手艺好不好?
→ _____

(4) 你觉得你是一个体贴父母的孩子吗?
→ _____

(5) 你最近胖了还是瘦了?
→ _____

단어 □ 孩子 háizi 아이, 어린이

写 xiě 쓰기

1. 주어진 단어를 중국어의 어순에 맞게 다시 배열하시오.

(1) 非常 / 伯母 / 做 / 做 / 好 / 得 / 菜
→ _____

(2) 两本 / 老师 / 我们 / 看 / 那 / 让 / 书
→ _____

(3) 你 / 孩子 / 吃 / 别 / 饱 / 让 / 太 / 得
→ _____

(4) 会 / 他 / 还 / 写 / 女儿 / 汉字 / 不 / 的
→ _____

2. 다음을 중국어로 작문하시오.

(1) 저는 그를 우리 집으로 식사 초대하려고 합니다.

→ _____

(2) 그 사람은 꽤 잘 생겼습니다.

→ _____

(3) 아버지는 종종 식사를 하시면서 텔레비전을 보십니다.

→ _____

(4) 사양하지 마시고, 많이 드세요.

→ _____

(5) 작년에 산 청바지마다 모두 맞지 않게 되었습니다.

→ _____

중국 문화 5

중국의 고속철도

　중국은 독일과 일본으로부터 고속철도 기술을 도입하여 전국 중요 도시 사이의 고속철도망 건설을 시작하였다. 최초의 상업운행은 2008년 8월 1일 '베이징-톈진(京津线)' 간에 이루어졌는데, 당시의 개통식은 TV로 생중계 되는 등 전국적인 축하 행사로 치뤄졌다. 2012년 12월에는 총 연장 2,298km에 이르는 '베이징-광저우(京广线)' 노선의 완성으로 베이징에서 광저우까지를 8시간에 이동할 수 있게 되었다. 중국 정부는 2020년 총 연장 16,000km를 목표로 지금도 고속철도망을 계속 건설하고 있다.

　각 도시의 고속철도 전용역은 모두 고속철도의 완성에 맞추어 신축되었는데, 도시별 특징이 잘 드러나도록 크고 화려하게 설계되었다. 고속철도의 좌석은 비즈니스석(商务座), 1등석(一等座), 2등석(二等座) 등으로 나누어진다. 가장 비싼 비즈니스석 이용객에게는 전용 라운지도 마련되어 있다. 열차표는 역에 설치된 전용단말기로 구입할 수 있으나, 티켓실명제 실시로 인하여 외국인은 창구에서 신분증을 제시하고 직접 구입하여야 한다.

〈중국고속철도 이용객을 위한 개찰구 전광판 보는 법〉

车次	始发站	终到站	开点	车厢	状态
G102	上海虹桥	北京南站	07:00	1-8	正点

① 车次[chēcì]: 열차종류. 'G'는 '高铁[gāotiě]'의 약자
② 始发站[shǐfāzhàn]: 출발역, 여기서는 '上海虹桥'역이 출발역
③ 终到站[zhōngdàozhàn]: 도착역, 여기서는 '北京南站'이 도착역
④ 开点[kāidiǎn]: 출발시각
⑤ 车厢[chēxiāng]: 해당 개찰구로 들어가면 16량 편성의 고속철에서 1호차부터 8호차까지 탈 수 있다는 뜻
⑥ 状态[zhuàngtài]: 열차의 상태 표시, '正点'은 정시 운행이라는 뜻

4종4횡 골격 갖춘 중국 고속철

第八课

今年夏天比去年夏天热。
Jīnnián xiàtiān bǐ qùnián xiàtiān rè.

학습목표

부사 '原来[yuánlái]'의 용법
北京原来就这么热吗? Běijīng yuánlái jiù zhème rè ma?

비교문(1) – 차등비교
今年夏天比去年夏天热。
Jīnnián xiàtiān bǐ qùnián xiàtiān rè.

비교문(2) – 동등비교의 '有[yǒu]'
上海有北京这么热吗? Shànghǎi yǒu Běijīng zhème rè ma?

비교문에서의 생략
上海的气温比北京高几度。
Shànghǎi de qìwēn bǐ Běijīng gāo jǐ dù.

단어 生词 shēngcí

- ☐☐ 01 原来 yuánlái 〔부〕 원래; 알고 보니
- ☐☐ 02 这么 zhème 〔대〕 이렇게

  *那么 nàme 〔대〕 저렇게, 그렇게
- ☐☐ 03 热 rè 〔형〕 덥다, 뜨겁다

  *冷 lěng 〔형〕 춥다, 차갑다
- ☐☐ 04 好像 hǎoxiàng 〔부〕 마치 ……와/과 같다
- ☐☐ 05 比 bǐ 〔개〕 ……에 비하여, ……보다
- ☐☐ 06 更 gèng 〔부〕 더욱
- ☐☐ 07 夏天 xiàtiān 〔명〕 여름
- ☐☐ 08 去年 qùnián 〔명〕 작년
- ☐☐ 09 气温 qìwēn 〔명〕 기온
- ☐☐ 10 高 gāo 〔형〕 높다
- ☐☐ 11 度 dù 〔양〕 온도의 단위. 도
- ☐☐ 12 糟糕 zāogāo 〔형〕 큰일나다
- ☐☐ 13 怕 pà 〔동〕 두렵다, 두려워하다, ……에 약하다
- ☐☐ 14 怎么办 zěnmebàn 〔대〕 어찌하다
- ☐☐ 15 订 dìng 〔동〕 예약하다
- ☐☐ 16 票 piào 〔명〕 표
- ☐☐ 17 为什么 wèishénme 〔대〕 왜
- ☐☐ 18 旺季 wàngjì 〔명〕 성수기

  *淡季 dànjì 〔명〕 비성수기

☐☐ 19	早	zǎo	형	(시간적으로) 이르다; 부 일찍

*晚 wǎn 형 (시간적으로) 늦다

☐☐ 20	提醒	tíxǐng	동	주의를 환기시키다, 일깨우다
☐☐ 21	大雨	dàyǔ	명	큰비, 호우
☐☐ 22	闷热	mēnrè	형	무덥다, 후덥지근하다
☐☐ 23	首尔	Shǒu'ěr	고유명사	서울
☐☐ 24	上海	Shànghǎi	고유명사	상하이, 상해

잠깐 틀리기 쉬운 표현

*속죄양 한 속죄양(贖罪羊)

중 替罪羊[tìzuìyáng]

남의 죄를 대신 지는 사람을 비유적으로 '속죄양'이라고 한다. '贖(속)'이라는 한자에는 '변상하다', '보상하다'라는 뜻이 있기 때문에 '속죄양'은 '죄를 변상해 주는 양'이라는 뜻이다. 중국어의 '替罪羊[tìzuìyáng]'은 직역하면 '죄(罪)를 대신(替)하는 양(羊)'이라는 뜻이므로, 결국 한국어와 중국어가 나타내고자 하는 뜻은 같지만 첫 번째 한자를 다르게 쓰는 경우라고 하겠다.

❽ 今年夏天比去年夏天热。Jīnnián xiàtiān bǐ qùnián xiàtiān rè.

문법 语法 yǔfǎ

1 부사 '原来[yuánlái]'의 용법

㉮ 주어와 술어의 사이에 쓰여서 '원래', '예전에는'이라는 뜻을 나타낸다.

> 어순 　주어 + 原来[yuánlái] + 동사(구)/형용사(구)

　　我家　　　原来　　　　有七口人。
　　Wǒ jiā　　yuánlái　　　yǒu qī kǒu rén.

- 我原来不会游泳。Wǒ yuánlái bú huì yóu yǒng.

㉯ 문장의 첫 머리에 쓰여서 '아하! 그랬구나' 정도의 뉘앙스를 나타낸다. 그때까지 알지 못했던 어떤 사실을 새삼스럽게 깨닫게 되었다는 느낌을 전달한다.

> 어순 　原来[yuánlái] + 문장

　　原来　　　是你呀！
　　Yuánlái　shì nǐ ya!

- 原来你们都在这儿！Yuánlái nǐmen dōu zài zhèr!

2 비교문(1) - 차등비교

'A'와 'B'를 비교하여 그 성질이나 정도에 차이가 있음을 나타내는 문형을 차등비교문이라고 한다.

㉮ 기본형: 'A'는 'B'에 비하여 '어떠'하다.

> 어순 　A + 比[bǐ] + B + 형용사(구)/동사(구)

　　西瓜　比　苹果　大。
　　Xīguā　bǐ　píngguǒ dà.

- 面包比饭好吃。Miànbāo bǐ fàn hǎochī.
- 这本小说比那本小说有意思。Zhè běn xiǎoshuō bǐ nà běn xiǎoshuō yǒuyìsi.
- 我比他喜欢听音乐。Wǒ bǐ tā xǐhuan tīng yīnyuè.

> 단어　□ 苹果 píngguǒ 사과　□ 小说 xiǎoshuō 소설　□ 听 tīng 듣다　□ 音乐 yīnyuè 음악

나 술어의 앞에 정도부사 '更[gèng]/还[hái]' 등을 사용하여 수식하는 문형: 'A'는 'B'에 비하여 '더' 어떠하다.

> **어순** A + 比[bǐ] + B + 更[gèng]/还[hái] + 형용사(구)/동사(구)

这个　比　那个　　更　　　　大。
Zhège bǐ nàge gèng dà.

- 金老师比我还高。Jīn lǎoshī bǐ wǒ hái gāo.
- 面包比饭还好吃。Miànbāo bǐ fàn hái hǎochī.

다 술어의 뒤에 정도의 차이를 표시하는 구체적인 '수량(수치)'이나 '多[duō]', '得多[de duō]', '一点儿[yìdiǎnr]', '一些[yìxiē]' 등이 오는 경우: 'A'는 'B'에 비하여 '수량(수치)'만큼 '어떠'하다.

> **어순** A + 比[bǐ] + B + 형용사(구)/동사(구) + 多[duō]/得多[de duō]/一点儿[yìdiǎnr]/
> 一些[yìxiē]/수량

今天　比　昨天　　暖和　　一点儿。
Jīntiān bǐ zuótiān nuǎnhuo yìdiǎnr.

- 这本小说比那本小说有意思多了。
  Zhè běn xiǎoshuō bǐ nà běn xiǎoshuō yǒuyìsi duō le.
- 我比我弟弟大三岁。Wǒ bǐ wǒ dìdi dà sān suì.
- 我比他早来一个小时了。Wǒ bǐ tā zǎo lái yí ge xiǎoshí le.

> **단어** ▫ 暖和 nuǎnhuo 따뜻하다   ▫ 大 dà (나이가) 많다

1 가. · 우리 집에는 예전에 일곱 식구가 있었습니다.
　　· 나는 원래 수영을 할 줄 몰랐습니다.
　나. · 아하! 너였구나!
　　· 아하, 너희들 모두 여기에 있었구나!

2 가. · 수박은 사과보다 큽니다.
　　· 빵이 밥보다 맛있습니다.
　　· 이 소설은 저 소설보다 재미있습니다.
　　· 나는 그 사람보다 음악 듣는 걸 좋아합니다.

　나. · 이것은 저것보다 더 큽니다.
　　· 김 선생님은 저보다 (키가) 더 큽니다.
　　· 빵이 밥보다 더 맛있습니다.
　다. · 오늘은 어제보다 좀 더 따뜻합니다.
　　· 이 소설은 저 소설보다 훨씬 재미있습니다.
　　· 나는 내 동생보다 세 살 많습니다.
　　· 나는 그 사람보다 한 시간 일찍 왔습니다.

❽ 今年夏天比去年夏天热。Jīnnián xiàtiān bǐ qùnián xiàtiān rè.

라 '比[bǐ]' 비교문의 부정: 'A'는 'B'보다 '어떠하지 않다'.

> **어순**   A + 不[bù] + 比[bǐ] + B + 술어

西瓜　　不　　比　　苹果 好吃。
Xīguā　 bù　 bǐ　 píngguǒ hǎochī.

- 小王不比小金高。 Xiǎo Wáng bù bǐ Xiǎo Jīn gāo.

마 차등비교문의 의문문: 일반적으로 '吗[ma]' 의문문을 사용한다.

> **어순**   A + 比[bǐ] + B + 술어 + 吗[ma]

你　　比　　她　　高　　吗?
Nǐ　 bǐ　 tā　 gāo　 ma?

- 你比他大吗? Nǐ bǐ tā dà ma?

3 비교문(2) – 동등비교의 '有[yǒu]'

'有[yǒu]'를 포함하는 동등비교는 'A'가 'B'의 수준(정도)에 도달하였음을 나타낸다. '有[yǒu]'를 포함하는 동등비교문에 함께 쓰이는 '这么[zhème]'는 화자에게서 가까운 것을, '那么[nàme]'는 화자에게서 먼 것을 가리키는데, 생략하는 경우도 있다. 또한, 전반적으로 긍정문보다는 부정문과 의문문의 형태로 많이 쓰인다.

가 긍정문

> **어순**   A + 有[yǒu] + B (+ 这么[zhème]/那么[nàme]) + 형용사(구)/동사(구)

这座楼　　有　　那座楼　　　　　（那么）　　　　　高。
Zhè zuò lóu yǒu nà zuò lóu   (nàme)   gāo.

- 这个苹果有我的拳头(这么)大。Zhège píngguǒ yǒu wǒ de quántóu (zhème) dà.

단어
- 苹果 píngguǒ 사과
- 大 dà (나이가) 많다
- 座 zuò (산, 건물 등) 고정된 큰 물체를 세는 양사. 좌, 동
- 楼 lóu (이층 이상의) 건물
- 拳头 quántóu 주먹

나 부정문

> **부정** A + 没有 [méiyǒu] + B (+ 这么[zhème]/那么[nàme]) + 형용사(구)/동사(구)

这座楼	没有	那座楼	(那么)	高。
Zhè zuò lóu	méiyǒu	nà zuò lóu	(nàme)	gāo.

- 这个苹果没有我的拳头(这么)大。
  Zhège píngguǒ méiyǒu wǒ de quántóu (zhème) dà.

다 의문문: '吗[ma]' 의문문과 정반의문문

(1) '吗[ma]' 의문문

- 你弟弟有你(那么)高吗? Nǐ dìdi yǒu nǐ (nàme) gāo ma?

(2) 정반의문문

- 你弟弟有没有你(那么)高? Nǐ dìdi yǒu méiyǒu nǐ (nàme) gāo?

4 비교문에서의 생략

비교문의 비교 대상인 'A'와 'B'에 동일한 구조가 반복된다면, 표현을 간결하게 하기 위하여, 오해를 초래하지 않는 범위 내에서 반복되는 성분을 생략할 수 있다. 이때 주로 'A'보다는 'B'의 반복 성분을 생략한다.

- 这本小说比那本(小说)有意思多了。 Zhè běn xiǎoshuō bǐ nà běn (xiǎoshuō) yǒuyìsi duō le.
- 她的头发比我的(头发)更长。 Tā de tóufa bǐ wǒ de (tóufa) gèng cháng.

> **단어** □ 小说 xiǎoshuō 소설

라. · 수박은 사과보다 맛있지 않습니다. · 왕군은 김군보다 (키가) 크지 않습니다. 마. · 당신은 그녀보다 (키가) 큽니까? · 당신은 그보다 나이가 많습니까? 3 가. · 이 건물은 저 건물만큼 (그렇게) 높습니다. · 이 사과는 내 주먹만큼 (이렇게) 큽니다.	나. · 이 건물은 저 건물만큼 (그렇게) 높지는 않습니다. · 이 사과는 내 주먹만큼 (이렇게) 크지는 않습니다. 다. · 당신 남동생은 당신만큼 (그렇게) 큽니까? · 당신 남동생은 당신만큼 (그렇게) 큽니까 크지 않습니까? 4 · 이 소설은 저것(=저 소설)보다 훨씬 재미있습니다. · 그녀의 머리카락은 나(=내 머리카락)보다 더 깁니다.

❽ 今年夏天比去年夏天热。 Jīnnián xiàtiān bǐ qùnián xiàtiān rè.

본문 课文 kèwén

1 베이징의 무더위에 거의 녹초가 된 경민, 베이징이 이렇다면, 사흘 뒤에 여행을 가려고 예정하고 있는 상하이의 날씨가 걱정되기 시작한다.

金景民 北京原来就这么热吗？好像比首尔更热。
Jīn Jǐngmín Běijīng yuánlái jiù zhème rè ma? Hǎoxiàng bǐ Shǒu'ěr gèng rè.

王莉莉 今年夏天比去年夏天热。
Wáng Lìli Jīnnián xiàtiān bǐ qùnián xiàtiān rè.

金景民 对了，我想去上海旅游。
Jīn Jǐngmín Duì le, wǒ xiǎng qù Shànghǎi lǚyóu.

上海有北京这么热吗？
Shànghǎi yǒu Běijīng zhème rè ma?

王莉莉 有哇。
Wáng Lìli Yǒu wa.

天气预报说，上海的气温比北京高几度。
Tiānqì yùbào shuō, Shànghǎi de qìwēn bǐ Běijīng gāo jǐ dù.

새로 나온 단어

原来	yuánlái	원래; 알고 보니
这么	zhème	이렇게
*那么	nàme	저렇게, 그렇게
热	rè	덥다, 뜨겁다
*冷	lěng	춥다, 차갑다
好像	hǎoxiàng	마치 ……와/과 같다
比	bǐ	……에 비하여, ……보다
更	gèng	더욱
夏天	xiàtiān	여름
去年	qùnián	작년
气温	qìwēn	기온
高	gāo	높다
度	dù	온도의 단위. 도

고유명사

首尔	Shǒu'ěr	서울
上海	Shànghǎi	상하이, 상해

金景民　糟糕！我很怕热，怎么办呢？
Jīn Jǐngmín　Zāogāo! Wǒ hěn pà rè, zěnmebàn ne?

王莉莉　你打算怎么去上海？
Wáng Lìli　Nǐ dǎsuan zěnme qù Shànghǎi?

金景民　我想坐火车去。可是还没订票。
Jīn Jǐngmín　Wǒ xiǎng zuò huǒchē qù. Kěshì hái méi dìng piào.

王莉莉　为什么还没订呢？
Wáng Lìli　Wèishénme hái méi dìng ne?

现在是旺季，你要早点儿订。
Xiànzài shì wàngjì, nǐ yào zǎodiǎnr dìng.

金景民　好的。谢谢你的提醒。
Jīn Jǐngmín　Hǎo de. Xièxie nǐ de tíxǐng.

새로 나온 단어

糟糕 zāogāo	큰일나다	为什么 wèishénme	왜
怕 pà	두렵다, 두려워하다, ……에 약하다	旺季 wàngjì	성수기
		*淡季 dànjì	비성수기
怎么办 zěnmebàn	어찌하다	早 zǎo	(시간적으로) 이르다; 일찍
订 dìng	예약하다	*晚 wǎn	(시간적으로) 늦다
票 piào	표	提醒 tíxǐng	주의를 환기시키다, 일깨우다

❽ 今年夏天比去年夏天热。Jīnnián xiàtiān bǐ qùnián xiàtiān rè.

❷ 日记 Rìjì

| 日期 Rìqī | 七月十一日 qī yuè shíyī rì | 星期四 xīngqīsì | 天气 Tiānqì | 大雨 dàyǔ | |

　　这几天北京天天多云。我觉得
Zhè jǐ tiān Běijīng tiāntiān duōyún. Wǒ juéde
北京比首尔更热。天气预报说上海
Běijīng bǐ Shǒu'ěr gèng rè. Tiānqì yùbào shuō Shànghǎi
的气温比北京高几度，但是听朋友
de qìwēn bǐ Běijīng gāo jǐ dù, dànshì tīng péngyou
说北京的夏天比上海更闷热。
shuō Běijīng de xiàtiān bǐ Shànghǎi gèng mēnrè.

새로 나온 단어

| 大雨 | dàyǔ | 큰비, 호우 | 闷热 | mēnrè | 무덥다, 후덥지근하다 |

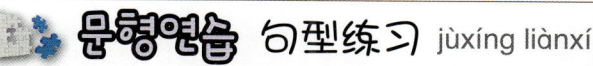

北京原来就这么热吗?
Běijīng yuánlái jiù zhème rè ma?

바꿔 봅시다!
- 她 tā
- 你孩子 nǐ háizi
- 你儿子 nǐ érzi

바꿔 봅시다!
- 漂亮 piàoliang
- 体贴 tǐtiē
- 怕热 pà rè

北京比首尔更热。
Běijīng bǐ Shǒu'ěr gèng rè.

바꿔 봅시다!
- 你妈妈 nǐ māma
- 她 tā
- 他 tā

바꿔 봅시다!
- 我妈妈 wǒ māma
- 我 wǒ
- 我 wǒ

바꿔 봅시다!
- 年轻 niánqīng
- 高 gāo
- 重 zhòng

단어
- 孩子 háizi 아이, 어린이
- 儿子 érzi 아들
- 年轻 niánqīng 젊다
- 重 zhòng (무게가) 무겁다

❽ 今年夏天比去年夏天热。 Jīnnián xiàtiān bǐ qùnián xiàtiān rè.

上海没有北京这么冷。
Shànghǎi méiyǒu Běijīng zhème lěng.

바꿔 봅시다!

我爸爸 wǒ bàba	你爸爸那么年轻 nǐ bàba nàme niánqīng
我 wǒ	他那么高 tā nàme gāo
我 wǒ	他那么重 tā nàme zhòng

你要早点儿订票。
Nǐ yào zǎodiǎnr dìng piào.

바꿔 봅시다!

起床 qǐ chuáng
睡觉 shuì jiào
上班 shàng bān

단어 □ 年轻 niánqīng 젊다   □ 重 zhòng (무게가) 무겁다   □ 上班 shàng//bān 출근하다

연습문제 练习 liànxí

听 tīng 듣기

1. 남녀의 대화 내용에 근거하여 정답을 찾으시오.

    (1) **A** 高二厘米   **B** 高十厘米   **C** 女的的姐姐不比女的高

    (2) **A** 看天气预报   **B** 提醒孩子明天要带雨伞   **C** 带雨伞

    (3) **A** 爸爸   **B** 妈妈   **C** 都不怕

    (4) **A** 明天没有课   **B** 想看电视   **C** 要学习

    (5) **A** 没人怕狗   **B** 她家人都怕狗   **C** 三个人

단어   □ 厘米 límǐ 센티미터(cm)   □ 儿子 érzi 아들

2. 녹음을 잘 듣고 주어진 명제의 옳고 그름을 판단하시오.

    (1) ★ 我妈妈今天生病了，所以没做早饭。   (　　)

    (2) ★ 昨天下过雨。   (　　)

    (3) ★ 家里我的个子最矮。   (　　)

    (4) ★ 旅游旺季的时候，天安门广场人不多。   (　　)

단어   □ 早饭 zǎofàn 아침밥, 아침 식사   □ 个子 gèzi 키   □ 矮 ǎi (키가) 작다

❽ 今年夏天比去年夏天热。Jīnnián xiàtiān bǐ qùnián xiàtiān rè.

阅读 yuèdú 읽기

1. 보기에서 적당한 단어를 골라 빈칸을 채우시오.

| 보기 | 怕 这么 比 更 好像 |

(1) 今天(　　)昨天更热。

(2) 你和你弟弟谁(　　)重?

(3) 他没有我(　　)高。

(4) 那条狗不(　　)人。

(5) 你最近(　　)瘦了。

단어　□ 重 zhòng (무게가) 무겁다　□ 条 tiáo 동물을 세는 양사. 마리

2. 서로 관련 있는 것들끼리 짝을 지으시오.

| A 我妈妈今年四十五，你妈妈呢?
| B 那家百货商场一楼有没有洗手间?
| C 你每天坐什么去上班?
| D 你的比我的好喝。
| E 我又怕冷又怕热。

(1) 坐地铁。　　　　　　　　　　　□

(2) 你觉得哪个更好喝?　　　　　　□

(3) 你怕热吗?　　　　　　　　　　□

(4) 一楼没有，二楼有。　　　　　　□

(5) 我妈妈没有你妈妈那么年轻。　　□

단어　□ 楼 lóu 층　□ 上班 shàng//bān 출근하다　□ 年轻 niánqīng 젊다

说 shuō 말하기

다음 질문에 답하시오.

(1) 今年夏天热还是去年夏天热?

→ _____

(2) 你的个子有你爸爸高吗?

→ _____

(3) 你在家里最怕谁?

→ _____

(4) 韩国什么时候是旅游旺季?

→ _____

(5) 韩国夏天经常下雨吗?

→ _____

단어 □ 个子 gèzi 키   □ 经常 jīngcháng 종종, 자주

写 xiě 쓰기

1. 주어진 단어를 중국어의 어순에 맞게 다시 배열하시오.

(1) 喜欢 / 中国人 / 韩国人 / 比 / 红色

→ _____

(2) 觉得 / 日语 / 汉语 / 我 / 容易 / 没有 / 那么

→ _____

(3) 里 / 好像 / 没有 / 他家 / 人

→ _____

(4) 迟到 / 老师 / 学生们 / 明天 / 提醒 / 不能

→ _____

❽ 今年夏天比去年夏天热。Jīnnián xiàtiān bǐ qùnián xiàtiān rè.

2. 다음을 중국어로 작문하시오.

(1) 그는 저보다 (키가) 5센티미터 큽니다.

→

(2) 그는 저보다 (키가) 크지 않습니다.

→

(3) 우리 집은 당신 집만큼 그렇게 크지는 않습니다.

→

(4) 저는 더위를 탑니다.

→

(5) 지금은 성수기라서 좀 서둘러 예약해야 합니다.

→

단어 ▫ 厘米 límǐ 센티미터(cm)

第九课

特快票卖完了。
Tèkuài piào mài wán le.

학습목표

'동사 + 결과보어(동사)'의 용법(2)
特快票卖完了。Tèkuài piào mài wán le.

단순 방향보어(B) – '下[xià]'의 파생의
剩下的只有动车和高速动车。
Shèng xià de zhǐyǒu dòngchē hé gāosù dòngchē.

이중목적어를 가지는 동사 '找[zhǎo]'의 용법
找您八十四块。Zhǎo nín bāshísì kuài.

복문(1) – '要是[yàoshi]……的话[dehuà]'를 사용하는 가정복문
要是坐高速动车的话，不到五个小时就到了。
Yàoshi zuò gāosù dòngchē dehuà, búdào wǔ ge xiǎoshí jiù dào le.

단어 生词 shēngcí

☐☐ 01	后天	hòutiān	명 모레
☐☐ 02	售票员	shòupiàoyuán	명 매표원
☐☐ 03	空调	kōngtiáo	명 에어컨
☐☐ 04	特快	tèkuài	명 특급열차
☐☐ 05	卖完	mài wán	다 팔리다

*卖 mài 동 팔다　　　*完 wán 동 마치다, 끝나다

☐☐ 06	剩	shèng	동 남다
☐☐ 07	下	xià	동 동사의 동작이 위에서 아래로 향하고 있음을 나타낸다
☐☐ 08	动车	dòngchē	명 중국의 고속열차(한국의 KTX에 해당)
☐☐ 09	高速	gāosù	형 고속(의), 고속이다
☐☐ 10	多长	duō cháng	길이가 얼마입니까, 얼마나 깁니까

*多 duō 부 얼마나　　　*长 cháng 형 길다

☐☐ 11	左右	zuǒyòu	명 가량, 쯤
☐☐ 12	开	kāi	동 (차량이나 기계 등을) 운전하다, 조종하다

*开车 kāi//chē 동 운전하다

☐☐ 13	张	zhāng	양 종이 등과 같이 평평한 면을 가진 물건을 세는 양사. 장
☐☐ 14	二等	èr děng	이등
☐☐ 15	找	zhǎo	동 (돈을) 거슬러 주다

☐☐ 16	本来	běnlái	부	본래, 원래
☐☐ 17	只好	zhǐhǎo	부	……하는 수 밖에 없다, 어쩔 수 없이 ……하다
☐☐ 18	要是	yàoshi	접	만약 ……이라면
☐☐ 19	……的话	……dehuà	조	(가정절의 끝에 쓰여서) ……하다면, ……이라면

잠깐 틀리기 쉬운 표현

*동서남북 한 東西南北

중 东南西北[dōngnán xīběi] (동남서북)

네 방향을 한 번에 말할 때, 한국과 중국은 순서를 달리 말한다. 한국은 동과 서, 남과 북을 대비시켜서 표현한다면, 중국은 동쪽에서 북쪽까지 시계방향으로 표현한다. 두 방향을 연속으로 말할 때에도 중국어는 '东南[dōngnán]', '西北[xīběi]'의 순서로 말한다. 심지어 미국의 '노스웨스트항공회사'는 고유명사임에도 불구하고 중국어로는 'North(북)'와 'West(서)'의 순서를 뒤집어서 '西北航空公司[Xīběi Hángkōng Gōngsī]'라고 한다.

⑨ 特快票卖完了。Tèkuài piào mài wán le.

문법 语法 yǔfǎ

1 '동사 + 결과보어(동사)'의 용법(2)

결과보어는 동사의 뒤에서 동사의 동작 결과를 구체적으로 나타낸다. 결과보어로 쓰이는 동사는 그 수가 많지 않은데, 대표적인 결과보어(동사)와 각각의 의미는 다음과 같다.

결과보어(동사)	의미
见[jiàn]	감각동사가 결과를 얻게 되었음을 표시한다.
到[dào]	동작이 어떤 위치나 목적에 도달하였음을 표시한다.
住[zhù]	동사의 동작을 통하여 사물의 위치가 고정되었음을 표시한다.
完[wán]	동작이 완료되었음을 표시한다.
着[zháo]	목적에 도달하였음을 표시한다.

가 어순 　주어 + 동사 + 결과보어(동사) (+ 목적어)

　　上午　我　　见　　　到了　　　你哥哥。
　　Shàngwǔ wǒ　jiàn　　dàole　　　nǐ gēge.

- 我在图书馆看见过她。Wǒ zài túshūguǎn kàn jiànguo tā.
- 有人叫你，你听见了吗？Yǒu rén jiào nǐ, nǐ tīng jiàn le ma?
- 这些生词很重要，一定要记住。Zhèxiē shēngcí hěn zhòngyào, yídìng yào jì zhù.
- 我已经做完作业了。Wǒ yǐjing zuò wán zuòyè le.
- 她已经睡着了。Tā yǐjing shuì zháo le.

나 부정 　주어 + 没[méi] + 동사 + 결과보어(동사) (+ 목적어)

　　我　　没　　做　　完　　今天的作业。
　　Wǒ　méi　zuò　wán　jīntiān de zuòyè.

- 今天我没见到你哥哥。Jīntiān wǒ méi jiàn dào nǐ gēge.

 참고 '동사 + 결과보어(형용사)'의 용법(1) : step2 제10과 (116쪽)

단어
- 叫 jiào 부르다
- 听 tīng 듣다
- 生词 shēngcí 새로 나온 단어
- 重要 zhòngyào 중요하다
- 记 jì 기억하다, 외우다, 적다, 기록하다

2 단순 방향보어[B]

다른 동사의 뒤에 쓰여서 사람(사물)의 움직이는 방향(동사의 동작방향)을 직접적으로 지시하는 한 글자 동사를 '단순 방향보어'라고 하는데, 단순 방향보어[A]의 두 단어 '来[lái]'와 '去[qù]'를 제외하고, 아래의 8개를 단순방향보어[B]라고 한다. 읽을 때는 원래의 성조보다 조금 가볍게 발음한다.

> **어순** 주어 + **동사** + 단순 방향보어[B] + 목적어

가 단순방향보어[B]의 기본 의미

단순방향보어[B]	의미
上[shàng]	동작이 '낮은 곳에서 높은 곳'으로 진행된다.
下[xià]	동작이 '높은 곳에서 낮은 곳'으로 진행된다.
进[jìn]	사람(사물)이 '밖에서 안'으로 이동한다.
出[chū]	사람(사물)이 '안에서 밖'으로 이동한다.
回[huí]	사람(사물)을 원래 있던 장소로 되돌린다.
过[guò]	사람(사물)이 어떤 장소를 통과(관통)한다.
起[qǐ]	동작이 아래에서 위로 진행된다.
开[kāi]	사람(사물)이 원래 있던 장소에서 멀어짐을 나타낸다.

1 가. · 오전에 나는 당신 형을 봤습니다.
· 나는 도서관에서 그녀를 본 적이 있습니다.
· 누가 당신을 부르는데, 당신은 들었습니까?
· 이 새 단어들은 무척 중요하니까 반드시 외워야 합니다.
· 나는 벌써 숙제를 다 했습니다.
· 그녀는 벌써 잠들었습니다.
나 · 나는 오늘 숙제를 다 하지 못했습니다.
· 오늘 나는 당신 형을 보지 못했습니다.

❾ 特快票卖完了。Tèkuài piào mài wán le.

- 我爬上了南山。 Wǒ pá shàngle Nánshān.
- 你从楼上扔下了什么？ Nǐ cóng lóushang rēng xiàle shénme?
- 我跟两个朋友一起走进了图书馆。
  Wǒ gēn liǎng ge péngyou yìqǐ zǒu jìnle túshūguǎn.
- 校车开出了校门。 Xiàochē kāi chūle xiàomén.
- 明天我要离开中国了。 Míngtiān wǒ yào lí kāi Zhōngguó le.

나 단순 방향보어[B] - '下[xià]'의 파생의

단순 방향보어는 우리들의 눈에 보이지 않는 추상화된 움직임이나 동사의 느낌 따위를 표시할 수도 있다. 이를 방향보어의 '파생의'라고 하는데, 이러한 파생의에 대한 설명은 앞으로 해당 용법이 등장하는 과에서 설명한다.

'下[xià]'의 파생의: 동사의 동작 결과가 현장에 그대로 남게 된다는 뜻이 있다.
- 你记下她的电话号码。 Nǐ jì xià tā de diànhuà hàomǎ.
- 请你留下你的手机号码。 Qǐng nǐ liú xià nǐ de shǒujī hàomǎ.

참고 단순 방향보어[A]: step3 제5과 (74쪽)

3 이중목적어를 가지는 동사 '找[zhǎo]'의 용법

동사 '找[zhǎo]'가 '(돈을) 거슬러 주다'라는 뜻으로 쓰일 때에는 이중목적어를 가질 수 있다.

| 어순 | 주어 + 找[zhǎo] + 간접목적어(사람) + 직접목적어(잔돈의 액수) |

| 我 | 找 | 你 | 五十块钱。 |
| Wǒ | zhǎo | nǐ | wǔshí kuài qián. |

주의 "你找谁？ Nǐ zhǎo shéi?"의 '找[zhǎo]'는 '찾다'라는 뜻으로 이중목적어를 가질 수 없다.

참고 이중목적어를 가지는 동사: step2 제8과 (92쪽)

단어
- 爬 pá 오르다, 등산하다
- 南山 Nánshān 남산
- 楼上 lóushang 2층 이상의 층, 위층
- 扔 rēng 버리다, 던지다
- 校车 xiàochē 스쿨버스
- 校门 xiàomén 교문
- 记 jì 기억하다, 외우다, 적다, 기록하다
- 留 liú 남기다

4 복문(1) – '要是[yàoshi]……的话[dehuà]'를 사용하는 가정복문

'要是[yàoshi]'(혹은 '如果[rúguǒ]')는 가정절을 이끌어 '만약 ……이라면'이라는 뜻을 나타내고, 이어지는 주절에서 가정조건에 의하여 추정되는 결과를 표시한다. '要是[yàoshi]'(혹은 '如果[rúguǒ]')와 '的话[de huà]'로 '가정조건'을 둘러싸지만, 둘 중 한 가지를 생략하여도 가정 표현의 성립에 지장을 주지는 않는다.

> **어순** 要是[yàoshi] / 如果[rúguǒ] + 가정조건 (+ 的话[dehuà])

要是	你去她家（的话），	我也想去。
Yàoshi	nǐ qù tā jiā (dehuà),	wǒ yě xiǎng qù.

- 要是你不能去(的话)，请先告诉我。 Yàoshi nǐ bù néng qù (dehuà), qǐng xiān gàosu wǒ.
- 要是我回家晚了，你先吃晚饭吧。 Yàoshi wǒ huí jiā wǎn le, nǐ xiān chī wǎnfàn ba.
- 如果明天下雨(的话)，她肯定不去图书馆。
  Rúguǒ míngtiān xià yǔ (dehuà), tā kěndìng bú qù túshūguǎn.
- 如果他不同意(的话)，我们怎么办？ Rúguǒ tā bù tóngyì (dehuà), wǒmen zěnmebàn?

단어
- 晚饭 wǎnfàn 저녁밥, 저녁 식사
- 肯定 kěndìng 틀림없이 ……할 것이다
- 同意 tóngyì 동의(하다), 찬성(하다)

---

2 가.
- 나는 남산에 올라갔습니다.
- 당신은 이층에서 무엇을 (아래로) 던졌습니까?
- 나는 친구 두 명과 함께 도서관으로 걸어 들어갔습니다.
- 스쿨버스가 (운행하여) 교문을 나갔습니다.
- 내일 나는 중국을 떠날 것입니다.

나.
- 당신은 그녀의 전화번호를 기억해 두세요.
- 당신의 휴대전화 번호를 남겨 두세요.

3
- 제가 당신에게 50위안을 (잔돈으로) 거슬러 드리겠습니다.
  주의: 당신은 누구를 찾으십니까?

4
- 만약 당신이 그녀의 집에 간다면, 나도 가고 싶습니다.
- 만약 당신이 갈 수 없다면, 먼저 나에게 말씀해 주세요.
- 만약 내가 귀가가 늦어지면, 당신은 먼저 저녁을 먹어요.
- 만약 내일 비가 내린다면, 그녀는 틀림없이 도서관에 가지 않을 겁니다.
- 만약 그가 찬성하지 않는다면, 우리들은 어떻게 하지요?

❾ 特快票卖完了。Tèkuài piào mài wán le.

본문 课文 kèwén

1 상하이행 기차표를 사기 위해 경민은 베이징남역(北京南站[Běijīng Nánzhàn])에 왔다. 역 주변에 옹기종기 모여 있는 인파를 잠시 구경하다 역사 안에 있는 매표소 쪽으로 발걸음을 돌린다.

金景民 有没有后天到上海的火车票?
Jīn Jǐngmín Yǒu méiyǒu hòutiān dào Shànghǎi de huǒchē piào?

售票员 你要哪种票?
Shòupiàoyuán Nǐ yào nǎ zhǒng piào?

金景民 我要空调特快。
Jīn Jǐngmín Wǒ yào kōngtiáo tèkuài.

售票员 对不起,特快票卖完了,剩下的只有动车
Shòupiàoyuán Duìbuqǐ, tèkuài piào mài wán le, shèng xià de zhǐyǒu dòngchē

和高速动车。
hé gāosù dòngchē.

金景民 坐动车到上海要多长时间?
Jīn Jǐngmín Zuò dòngchē dào Shànghǎi yào duō cháng shíjiān?

새로 나온 단어

后天	hòutiān	모레
售票员	shòupiàoyuán	매표원
空调	kōngtiáo	에어컨
特快	tèkuài	특급열차
卖完	mài wán	다 팔리다
*卖	mài	팔다
*完	wán	마치다, 끝나다
剩	shèng	남다
下	xià	동사의 동작이 위에서 아래로 향하고 있음을 나타낸다
动车	dòngchē	중국의 고속 열차(한국의 KTX에 해당)
高速	gāosù	고속(의), 고속이다
多长	duō cháng	길이가 얼마입니까, 얼마나 깁니까
*多	duō	얼마나
*长	cháng	길다

售票员 九个小时左右。现在有早上八点二十二
Shòupiàoyuán Jiǔ ge xiǎoshí zuǒyòu. Xiànzài yǒu zǎoshang bā diǎn èrshí'èr

分开、下午四点五十五分到的。
fēn kāi, xiàwǔ sì diǎn wǔshíwǔ fēn dào de.

金景民 一张多少钱？
Jīn Jǐngmín Yì zhāng duōshao qián?

售票员 二等四百零八块。
Shòupiàoyuán Èr děng sìbǎi líng bā kuài.

金景民 我要两张。这是九百块钱。
Jīn Jǐngmín Wǒ yào liǎng zhāng. Zhè shì jiǔbǎi kuài qián.

售票员 好，找您八十四块。
Shòupiàoyuán Hǎo, zhǎo nín bāshísì kuài.

Tip

어림수 표현(2)
'左右[zuǒyòu]'는 '대략 ……정도'라는 뜻으로, 특정한 수치의 뒤에 쓰여서 어림수를 나타낸다. 실제 수치는 '左右[zuǒyòu]'의 앞에 주어진 수치보다 약간 적을 수도 있고, 약간 많을 수도 있다.
· 九点左右 jiǔ diǎn zuǒyòu
· 三十岁左右 sānshí suì zuǒyòu

새로 나온 단어

左右 zuǒyòu	가량, 쯤	
开 kāi	(차량이나 기계 등을) 운전하다, 조종하다	
*开车 kāi//chē	운전하다	
张 zhāng	종이 등과 같이 평평한 면을 가진 물건을 세는 양사. 장	
二等 èr děng	이등	
找 zhǎo	(돈을) 거슬러 주다	

❾ 特快票卖完了。Tèkuài piào mài wán le.

2 日记 Rìjì

日期 Rìqī	七月十二日 qī yuè shí'èr rì	星期五 xīngqīwǔ	天气 Tiānqì	小雨转晴 xiǎoyǔ zhuǎn qíng

今天我去火车站买了两张到上海的火车票。我本来想买特快票，但是特快票已经卖完了，我只好买了动车票。坐动车到上海要九个小时左右，要是坐高速动车的话，不到五个小时就到了。

Jīntiān wǒ qù huǒchē zhàn mǎile liǎng zhāng dào Shànghǎi de huǒchē piào. Wǒ běnlái xiǎng mǎi tèkuài piào, dànshì tèkuài piào yǐjing mài wán le, wǒ zhǐhǎo mǎi le dòngchē piào. Zuò dòngchē dào Shànghǎi yào jiǔ ge xiǎoshí zuǒyòu, yàoshi zuò gāosù dòngchē dehuà, bú dào wǔ ge xiǎoshí jiù dào le.

> **Tip**
> '只好(zhǐhǎo)'는 동사(구)의 앞에 쓰여서 '……하는 수 밖에 없다'는 뜻을 나타낸다.
> 这次旅游只好取消了。
> Zhè cì lǚyóu zhǐhǎo qǔxiāo le.
> *取消(qǔxiāo) 취소하다

새로 나온 단어

本来 běnlái	본래, 원래	
只好 zhǐhǎo	……하는 수 밖에 없다, 어쩔 수 없이 ……하다	
要是 yàoshi	만약 ……이라면	
……的话 ……dehuà	(가정절의 끝에 쓰여서) ……하다면, ……이라면	

문형연습 句型练习 jùxíng liànxí　　기본문형 익히기

特快票已经卖完了。
Tèkuài piào yǐjing mài wán le.

바꿔 봅시다!

作业 zuòyè	做 zuò
这本书 zhè běn shū	看 kàn
饭 fàn	吃 chī

剩下的只有动车和高速动车。
Shèng xià de zhǐyǒu dòngchē hé gāosù dòngchē.

바꿔 봅시다!

他买 tā mǎi	那件蓝衬衫 nà jiàn lán chènshān
他留 tā liú	那位小姐的电话号码 nà wèi xiǎojiě de diànhuà hàomǎ
他记 tā jì	我的手机号码 wǒ de shǒujī hàomǎ

단어　□ 本 běn 책을 세는 양사. 권　□ 留 liú 남기다　□ 记 jì 기억하다, 외우다, 적다, 기록하다

你要哪种票?
Nǐ yào nǎ zhǒng piào?

바꿔 봅시다!

空调 kōngtiáo

笔 bǐ

雨伞 yǔsǎn

我只好买了动车票。
Wǒ zhǐhǎo mǎile dòngchē piào.

바꿔 봅시다!   바꿔 봅시다!

吃 chī	那些过期的面包 nàxiē guò qī de miànbāo
喝 hē	那杯苦苦的咖啡 nà bēi kǔkǔ de kāfēi
穿 chuān	那件新衣服 nà jiàn xīn yīfu

단어
- 过期 guò//qī 기한이 지나다
- 杯 bēi 컵에 담긴 음료를 세는 양사. 잔, 컵
- 苦 kǔ 쓰다

연습문제 练习 liànxí

听 tīng 듣기

1. 남녀의 대화 내용에 근거하여 정답을 찾으시오.

(1) A 有点儿远　　　　B 太近了　　　　　　　C 很近，不用坐公共汽车

(2) A 不想穿了　　　　B 不想买了　　　　　　C 要买那条裤子

(3) A 丢了　　　　　　B 在女的的手里　　　　C 不知道在哪儿

(4) A 身体不舒服　　　B 觉得今天的菜不好吃　C 不想吃东西

(5) A 在家里　　　　　B 在回家的路上　　　　C 在银行

단어
- 不用 búyòng 필요 없다
- 公共汽车 gōnggòng qìchē 버스

2. 녹음을 잘 듣고 주어진 명제의 옳고 그름을 판단하시오.

(1) ★ 我家离首尔火车站不远。　　　　　　　(　　)

(2) ★ 我今天丢了钥匙。　　　　　　　　　　(　　)

(3) ★ 现在的生活方便了。　　　　　　　　　(　　)

(4) ★ 我家附近没有公共汽车站。　　　　　　(　　)

단어
- 放心 fàng//xīn 안심하다
- 生活 shēnghuó 생활(하다)
- 方便 fāngbiàn 편리하다
- 上班 shàng//bān 출근하다
- 经常 jīngcháng 종종, 자주

⑨ 特快票卖完了。Tèkuài piào mài wán le.

阅读 yuèdú 읽기

1. 보기에서 적당한 단어를 골라 빈칸을 채우시오.

| 보기 | 找　下　添　完　了 |

(1) 他去中国多长时间(　　　)?

(2) 很抱歉，五月一号的票都卖(　　　)了。

(3) 这些剩(　　　)的菜，你们要带回家吗?

(4) 这是一百块，(　　　)你四十。

(5) 我给他们一家人(　　　)了不少麻烦。

2. 서로 관련 있는 것들끼리 짝을 지으시오.

A　她怎么还在吃饭呢?
B　你平时一天睡几个小时?
C　两三次。
D　我不太爱看电视。
E　你来中国多长时间了?

(1) 一个星期了。　　　□

(2) 你一天看几个小时电视?　　　□

(3) 她吃饭原来就很慢，平时吃饭都要吃一个小时。　　　□

(4) 你一个月看几次电影?　　　□

(5) 差不多六个小时。从凌晨一点到早上七点。　　　□

단어　□慢 màn (속도가) 느리다

说 shuō 말하기

다음 질문에 답하시오.

(1) 你家离首尔火车站远不远?

　　→ _____

(2) 从首尔到釜山坐火车要几个小时?

　　→ _____

(3) 从首尔到釜山开车要几个小时?

　　→ _____

(4) 从首尔到釜山的火车票最便宜的一张多少钱?

　　→ _____

(5) 你个子有多高?

　　→ _____

> 단어　□ 釜山 Fǔshān 부산　　□ 个子 gèzi 키

写 xiě 쓰기

1. 주어진 단어를 중국어의 어순에 맞게 다시 배열하시오.

(1) 炸鸡 / 我们 / 明天 / 再 / 只好 / 吃

　　→ _____

(2) 三十 / 售票员 / 我 / 块 / 要 / 找

　　→ _____

(3) 一百 / 售票员 / 我 / 块 / 给

　　→ _____

(4) 售货员 / 我 / 那件 / 多少钱 / 问 / 衣服

　　→ _____

2. 다음을 중국어로 작문하시오.

(1) 특급열차표는 모두 팔렸습니다.

→ _____

(2) 남은 것은 제가 먹겠습니다.

→ _____

(3) 남은 것은 고속열차 밖에 없습니다.

→ _____

(4) 당신에게 50위안을 거슬러 드리겠습니다.

→ _____

(5) 저는 선생님에게 질문을 하나 하고 싶습니다.

→ _____

第十课

我跟你一样。
Wǒ gēn nǐ yíyàng.

학습목표

동량사와 목적어의 위치
你来过几次上海？ Nǐ láiguo jǐ cì Shànghǎi?

비교문(3) – 동등비교를 나타내는
　　　　　'A + 跟[gēn] + B + 一样[yíyàng]'
我跟你一样。Wǒ gēn nǐ yíyàng.

개사 '对[duì]'의 용법
你对中国的哪个城市感兴趣?
Nǐ duì Zhōngguó de nǎ ge chéngshì gǎn xìngqù?

**복문(2) – '不但[búdàn]……，而且[érqiě]……'를
　　　　　사용하는 점층복문**

조동사 '应该[yīnggāi]'의 용법
你应该去豫园瞧瞧。Nǐ yīnggāi qù Yùyuán qiáoqiao.

조동사 '得[děi]'의 용법
我得去的地方越来越多了。
Wǒ děi qù de dìfang yuèláiyuè duō le.

단어 生词 shēngcí

☐☐ 01	跟	gēn	개 ……와/과
☐☐ 02	一样	yíyàng	형 같다
☐☐ 03	以前	yǐqián	명 이전, 예전
☐☐ 04	夜景	yèjǐng	명 야경
☐☐ 05	美	měi	형 아름답다
☐☐ 06	对	duì	개 ……에 대하여
☐☐ 07	城市	chéngshì	명 도시
☐☐ 08	感兴趣	gǎn xìngqù	흥미가 있다, 관심이 있다

*兴趣 xìngqù 명 흥미, 재미

☐☐ 09	不但	búdàn	접 ……뿐만 아니라
☐☐ 10	而且	érqiě	접 게다가
☐☐ 11	工商业	gōngshāngyè	명 상공업
☐☐ 12	所在地	suǒzàidì	명 소재지
☐☐ 13	如果	rúguǒ	접 (가정절의 앞에 쓰여서) 만약
☐☐ 14	传统	chuántǒng	명 전통
☐☐ 15	瞧	qiáo	동 보다, 관찰하다
☐☐ 16	得	děi	조동 ……해야 한다
☐☐ 17	地方	dìfang	명 곳, 장소
☐☐ 18	越来越	yuèláiyuè	더욱 더

□□ 19	旧址	jiùzhǐ	명	옛터
□□ 20	东方明珠	Dōngfāng Míngzhū	고유명사	둥팡밍주. 상하이 푸둥(浦东)에 있는 TV 방송탑
□□ 21	外滩	Wàitān	고유명사	와이탄
□□ 22	大韩民国临时政府	Dàhánmínguó Línshí Zhèngfǔ	고유명사	대한민국임시정부

*临时 línshí 명 임시   *政府 zhèngfǔ 명 정부

| □□ 23 | 豫园 | Yùyuán | 고유명사 | 위위안. 상하이에 있는 중국 전통 정원의 이름 |
| □□ 24 | 李晶晶 | Lǐ Jīngjing | 고유명사 | 리징징. 상하이 출신의 중국 여학생 |

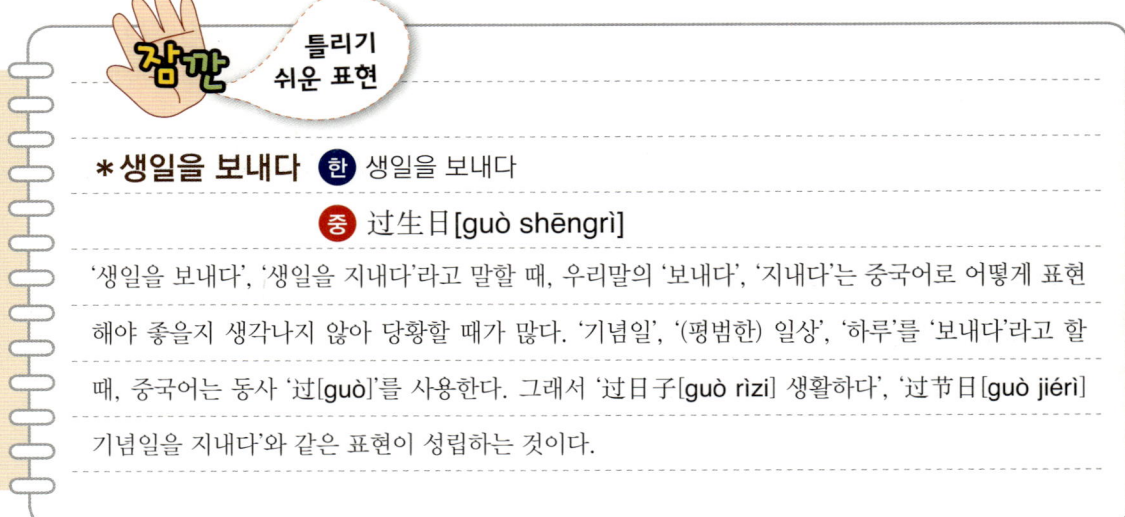

잠깐 틀리기 쉬운 표현

*생일을 보내다 한 생일을 보내다
중 过生日 [guò shēngrì]

'생일을 보내다', '생일을 지내다'라고 말할 때, 우리말의 '보내다', '지내다'는 중국어로 어떻게 표현해야 좋을지 생각나지 않아 당황할 때가 많다. '기념일', '(평범한) 일상', '하루'를 '보내다'라고 할 때, 중국어는 동사 '过[guò]'를 사용한다. 그래서 '过日子[guò rìzi] 생활하다', '过节日[guò jiérì] 기념일을 지내다'와 같은 표현이 성립하는 것이다.

문법 语法 yǔfǎ

1 동량사와 목적어의 위치

'次[cì]'는 일반적으로 여러 차례 반복 발생하는 동작을 센다. 만약 동사의 뒤에 동량사와 목적어를 함께 말해야 한다면, 그 어순은 다음 세 가지 가능성이 있다.

㉮ 일반적인 사물이 목적어인 경우, 동량사는 목적어의 앞에 둔다.

> 어순 주어 + 동사 + 수사 + 동량사 + 목적어(일반 사물)

> 我 吃过 一 次 法国菜。
> Wǒ chīguo yí cì Fǎguócài.

- 我只看了一遍那本小说。Wǒ zhǐ kànle yí biàn nà běn xiǎoshuō.

㉯ 대명사가 목적어인 경우, 동량사는 목적어의 뒤에 둔다.

> 어순 주어 + 동사 + 목적어(대명사) + 수사 + 동량사

> 我 见过 她 一 次。
> Wǒ jiànguo tā yí cì.

- 我小时候来过这儿两次。Wǒ xiǎoshíhòu láiguo zhèr liǎng cì.

㉰ 지명 혹은 인명이 목적어인 경우, 동량사는 목적어의 앞과 뒤의 어디에 두어도 상관없다.

> 어순 주어 + 동사 (+ 수사 + 동량사) + 목적어(지명/인명) (+ 수사 + 동량사)

- 주어 + 동사 + 목적어 + 수사 + 동량사: 我去过北京一次。Wǒ qùguo Běijīng yí cì.
- 주어 + 동사 + 수사 + 동량사 + 목적어: 我去过一次北京。Wǒ qùguo yí cì Běijīng.

참고 동량사 '次[cì]'의 용법: step2 제8과 (92쪽)

2 비교문(3) – 동등비교를 나타내는 'A + 跟[gēn] + B + 一样[yíyàng]'

'A + 跟[gēn] + B + 一样[yíyàng]'은 'A'와 'B'를 서로 비교한 결과가 '같다(一样[yíyàng])'는 뜻을 나타내는 동등비교문이다. '跟[gēn] + …… + 一样[yíyàng]'을 포함하는 동등비교 표현에는 별도의 술어를 포함하는 문형과 포함하지 않는 문형의 두 종류가 있다.

단어
- 法国菜 Fǎguócài 프랑스 요리
- 遍 biàn 한 동작의 처음부터 끝까지의 전 과정을 세는 양사. 번, 차례, 회
- 本 běn 책을 세는 양사. 권
- 小说 xiǎoshuō 소설
- 小时候 xiǎoshíhòu 어렸을 때, 어릴 때

가 A + 跟[gēn] + B + 一样[yíyàng]: 'A'는 'B'와 같다.
- 我的成绩跟她的成绩一样。Wǒ de chéngjì gēn tā de chéngjì yíyàng.
- 这件衣服的价格跟那件衣服的价格一样。
  Zhè jiàn yīfu de jiàgé gēn nà jiàn yīfu de jiàgé yíyàng.

나 A + 跟[gēn] + B + 一样[yíyàng] + 형용사/동사: 'A'는 'B'와 같이 '어떠'하다.
- 他跟我弟弟一样大。Tā gēn wǒ dìdi yíyàng dà.
- 这件衣服的价格跟那件衣服的价格一样贵。
  Zhè jiàn yīfu de jiàgé gēn nà jiàn yīfu de jiàgé yíyàng guì.

3 개사 '对[duì]'의 용법

'对[duì]'는 '……에 대하여'라는 뜻으로, 뒤에 동사의 동작 대상이나 주제, 관심사를 언급한다.

> **어순** 주어 + 对[duì] + 대상/관심사(주제) + 동사(구)/형용사(구)

| 我 | 对 | 汉语 | 很有兴趣。 |
| Wǒ | duì | Hànyǔ | hěn yǒu xìngqù. |

- 她对我很关心。Tā duì wǒ hěn guānxīn.
- 吸烟对身体不好。Xī yān duì shēntǐ bù hǎo.

단어
- 成绩 chéngjì 성적
- 价格 jiàgé 가격, 값
- 大 dà (나이가) 많다
- 关心 guānxīn 관심(을 가지다)
- 吸烟 xī//yān 흡연하다, 담배를 피우다

1
가. · 나는 프랑스요리를 한 번 먹은 적이 있습니다.
· 나는 그 소설을 딱 한 번 읽었습니다.
나. · 나는 그녀를 한 번 만난 적이 있습니다.
· 나는 어렸을 때 여기에 두 번 온 적이 있습니다.
다. · 나는 베이징에 한 번 간 적이 있습니다.
· 나는 베이징에 한 번 간 적이 있습니다.

2
가. · 내 성적은 그녀의 성적과 같습니다.
· 이 옷의 가격은 저 옷의 가격과 같습니다.
나. · 그는 내 남동생과 나이가 같습니다.
· 이 옷의 가격은 저 옷의 가격과 마찬가지로 비쌉니다.

3
· 나는 중국어에 대해서 흥미가 많습니다.
· 그녀는 나에 대해서 관심이 많습니다.
· 흡연은 건강에 좋지 않습니다.

4 복문(2) – '不但[búdàn]……, 而且[érqiě]……'를 사용하는 점층복문

'不但[búdàn]……, 而且[érqiě]……'는 '……뿐만 아니라, 게다가 ……'라는 뜻으로, 뒷절이 앞절의 내용을 의미적으로 혹은 내용적으로 더욱 상세하게 부연 설명하는 점층복문을 구성한다.

> **어순**　不但[búdàn] + (앞)절, + 而且[érqiě] + (뒷)절

他 不但 会说汉语, 而且 说得很流利。
Tā búdàn huì shuō Hànyǔ, érqiě shuō de hěn liúlì.

· 她不但会游泳, 而且还会跳舞。 Tā búdàn huì yóu yǒng, érqiě hái huì tiào wǔ.
· 这件事不但要做, 而且要做好。 Zhè jiàn shì búdàn yào zuò, érqiě yào zuò hǎo.

5 조동사 '应该[yīnggāi]'의 용법

가 '应该[yīnggāi]'는 이치나 도리로 따져서 당연히 '……해야 한다', '……하지 않으면 안 된다'는 뜻을 나타낸다.

> **어순**　주어 + 应该[yīnggāi] + 동사(구)

你们 应该 努力学习。
Nǐmen yīnggāi nǔlì xuéxí.

나 조동사 '应该[yīnggāi]'의 부정에는 '不应该[bù yīnggāi]'를 사용한다.

> **부정**　주어 + 不[bù] + 应该[yīnggāi] + 동사(구)

你 不 应该 跟朋友吵架。
Nǐ bù yīnggāi gēn péngyou chǎo jià.

> **단어**
> □ 流利 liúlì 유창하다　□ 跳舞 tiào//wǔ 춤추다　□ 努力 nǔlì 열심히 하다; 노력하다
> □ 吵架 chǎo//jià 말다툼하다

6 조동사 '得[děi]'의 용법

가 '得[děi]'는 심정적인 필요성으로 볼 때 '……해야 한다'는 뜻을 나타낸다. '应该[yīnggāi]'에 비하여 말투는 훨씬 더 단정적이고 구어적이다.

> **어순** 주어 + 得[děi] + 동사(구)/형용사(구)

- 时间已经晚了，我得回家了。Shíjiān yǐjing wǎn le, wǒ děi huí jiā le.
- 你想说好汉语，得努力。Nǐ xiǎng shuō hǎo Hànyǔ, děi nǔlì.

나 조동사 '得[děi]'의 부정에는 '不用[búyòng]'을 사용한다.

> **부정** 주어 + 不用[búyòng] + 동사(구)/형용사(구)

- A: 外面下雨，你走路得小心。Wàimiàn xià yǔ, nǐ zǒu lù děi xiǎoxīn.
  B: 谢谢！可是雨已经停了，不用小心。
  Xièxie! Kěshì yǔ yǐjing tíng le, búyòng xiǎoxīn.

단어   □ 小心 xiǎoxīn 조심하다, 주의하다   □ 停 tíng 멈추다, 정지하다

4
- 그는 중국어를 말할 수 있을 뿐만 아니라, 게다가 아주 잘 합니다.
- 그녀는 수영을 할 수 있을 뿐만 아니라, 게다가 춤도 출 줄 압니다.
- 이 일은 반드시 해야 할 뿐만 아니라, 게다가 아주 잘 해야 합니다.

5 가. · 너희들은 열심히 공부해야 한다.
나. · 너는 친구와 말싸움을 해서는 안 된다.

6 가. · 시간이 벌써 늦었습니다. 나는 집으로 돌아가야 합니다.
· 당신이 훌륭한 중국어를 말하고 싶다면, 노력해야만 합니다.
나. A: 바깥에 비가 내리니 걸을 때 조심해야 할 겁니다.
B: 감사합니다! 그렇지만 비가 벌써 그쳐서 조심해야 할 필요는 없습니다.

⑩ 我跟你一样。Wǒ gēn nǐ yíyàng.

본문 课文 kèwén

1 경민과 리리는 드디어 상하이에 도착하였다. 리리가 중국사람이기는 하지만 고향이 베이징이라서 상하이가 초행인 것은 경민과 마찬가지다. 그래서 상하이 출신의 친구 징징에게 미리 연락하여 안내를 부탁해 두었다.

金景民 你来过几次上海?
Jīn Jǐngmín　Nǐ láiguo jǐ cì Shànghǎi?

王莉莉 我跟你一样。以前没来过。这是第一次。
Wáng Lìli　Wǒ gēn nǐ yíyàng. Yǐqián méi láiguo. Zhè shì dì yī cì.

李晶晶 你们来上海，一定要到东方明珠看看。
Lǐ Jīngjing　Nǐmen lái Shànghǎi, yídìng yào dào Dōngfāng Míngzhū kànkan.

金景民 我还想去外滩看看呢。
Jīn Jǐngmín　Wǒ hái xiǎng qù Wàitān kànkan ne.

王莉莉 听说外滩的夜景很美，我也很想去看。
Wáng Lìli　Tīngshuō Wàitān de yèjǐng hěn měi, wǒ yě hěn xiǎng qù kàn.

李晶晶 你对中国的哪个城市感兴趣?
Lǐ Jīngjing　Nǐ duì Zhōngguó de nǎ ge chéngshì gǎn xìngqù?

새로 나온 단어

跟	gēn	……와/과
一样	yíyàng	같다
以前	yǐqián	이전, 예전
夜景	yèjǐng	야경
美	měi	아름답다
对	duì	……에 대하여
城市	chéngshì	도시
感兴趣	gǎn xìngqù	흥미가 있다, 관심이 있다

*兴趣	xìngqù	흥미, 재미

고유명사

东方明珠	Dōngfāng Míngzhū	둥팡밍주. 상하이 푸둥(浦东)에 있는 TV 방송탑
外滩	Wàitān	와이탄
李晶晶	Lǐ Jīngjing	리징징. 상하이 출신의 중국 여학생

金景民 我来中国以前就对上海很感兴趣。
Jīn Jǐngmín Wǒ lái Zhōngguó yǐqián jiù duì Shànghǎi hěn gǎn xìngqù.

李晶晶 为什么呢?
Lǐ Jīngjing Wèishénme ne?

金景民 上海不但是中国最大的工商业城市,
Jīn Jǐngmín Shànghǎi búdàn shì Zhōngguó zuì dà de gōngshāngyè chéngshì,

而且也是大韩民国临时政府的所在地。
érqiě yě shì Dàhánmínguó Línshí Zhèngfǔ de suǒzàidì.

李晶晶 对了,如果你对中国的传统文化感兴趣
Lǐ Jīngjing Duì le, rúguǒ nǐ duì Zhōngguó de chuántǒng wénhuà gǎn xìngqù

的话,应该去豫园瞧瞧。
de huà, yīnggāi qù Yùyuán qiáoqiao.

金景民 我得去的地方越来越多了。
Jīn Jǐngmín Wǒ děi qù de dìfang yuèláiyuè duō le.

Tip

'越来越 〔yuèláiyuè〕'는 '더욱 더', '점점 더'의 뜻으로 시간이 흐를수록 정도가 더욱 더 심해짐을 나타낸다.
예) 天气越来越暖和了。
Tiānqì yuèláiyuè nuǎnhuo le.
*暖和 〔nuǎnhuo〕 따뜻하다

새로 나온 단어

不但	búdàn	……뿐만 아니라
而且	érqiě	게다가
工商业	gōngshāngyè	상공업
所在地	suǒzàidì	소재지
如果	rúguǒ	(가정절의 앞에 쓰여서) 만약
传统	chuántǒng	전통
瞧	qiáo	보다, 관찰하다
得	děi	……해야 한다
地方	dìfang	곳, 장소

越来越	yuèláiyuè	더욱 더

고유명사

大韩民国临时政府	Dàhánmínguó Línshí Zhèngfǔ	대한민국임시정부
*临时	línshí	임시
*政府	zhèngfǔ	정부
豫园	Yùyuán	위위안. 상하이에 있는 중국 전통 정원의 이름

❷ 日记 Rìjì

| 日期 Rìqī | 七月十四日 qī yuè shísì rì | 星期天 xīngqītiān | 天气 Tiānqì | 晴 qíng |

	王 Wáng	莉 Lì	莉 li		和 hé	我 wǒ		一 yí	样 yàng,		以 yǐ	前 qián	没 méi	来 lái	过 guo
上 Shàng-	海 hǎi.	。	她 Tā	也 yě	是 shì	第 dì	一 yī	次 cì	到 dào	上 Shàng	海 hǎi	来 lái.	。	因 Yīn-
为 wèi	大 Dà	韩 hán	民 míng	国 guó	临 Lín	时 shí	政 Zhèng	府 fǔ	旧 jiù	址 zhǐ	就 jiù	在 zài	上 Shàng	海 hǎi,
所 suǒ	以 yǐ	我 wǒ	来 lái	中 Zhōng	国 guó	以 yǐ	前 qián	就 jiù	对 duì	上 Shàng	海 hǎi	很 hěn	感 gǎn	兴 xìng-
趣 qù.	。	李 Lǐ	晶 Jīng	晶 jing	告 gào	诉 su	我 wǒ	们 men,	,	到 dào	上 Shàng	海 hǎi	一 yí	定 dìng
要 yào	到 dào	东 Dōng	方 fāng	明 Míng	珠 zhū	、	外 Wài	滩 tān	、	豫 Yù	园 yuán	去 qù	看 kàn	看 kan.

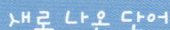

| 旧址 | jiùzhǐ | 옛터 |

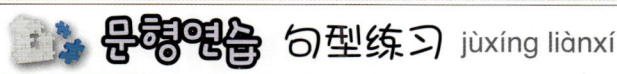

기본문형 익히기

我跟你一样，以前没来过。
Wǒ gēn nǐ yíyàng, yǐqián méi láiguo.

他 tā	我 wǒ	星期五没有课 xīngqīwǔ méiyǒu kè
我的生日 wǒ de shēngrì	你的生日 nǐ de shēngrì	是五月一号 shì wǔ yuè yī hào
我们的汉语老师 wǒmen de Hànyǔ lǎoshī	他们的汉语老师 tāmen de Hànyǔ lǎoshī	是王老师 shì Wáng lǎoshī

我来中国以前就对上海很感兴趣。
Wǒ lái Zhōngguó yǐqián jiù duì Shànghǎi hěn gǎn xìngqù.

书法 shūfǎ
中国文化 Zhōngguó wénhuà
中国经济 Zhōngguó jīngjì

단어 □ 书法 shūfǎ 서예   □ 经济 jīngjì 경제

上海的夏天不但很热，而且很湿。
Shànghǎi de xiàtiān búdàn hěn rè, érqiě hěn shī.

바꿔 봅시다! / 바꿔 봅시다! / 바꿔 봅시다!

他姐姐 tā jiějie	很漂亮 hěn piàoliang	很聪明 hěn cōngming
张先生 Zhāng xiānsheng	会说汉语 huì shuō Hànyǔ	还会说日语 hái huì shuō Rìyǔ
伯父伯母 bófù bómǔ	去过北京 qùguo Běijīng	还去过上海 hái qùguo Shànghǎi

我得去的地方越来越多了。
Wǒ děi qù de dìfang yuèláiyuè duō le.

바꿔 봅시다! / 바꿔 봅시다!

他弟弟 tā dìdi	胖 pàng
他的身体 tā de shēntǐ	好 hǎo
天气 tiānqì	冷 lěng

단어 □ 湿 shī 습하다, 축축하다   □ 聪明 cōngming 똑똑하다   □ 日语 Rìyǔ 일어

연습문제 练习 liànxí

听 tīng 듣기

1. 남녀의 대화 내용에 근거하여 정답을 찾으시오.

   (1) A 二十公斤　　　　　B 十公斤　　　　　　　　C 十二公斤

   (2) A 男的喜欢中国　　　B 男的学了三年汉语　　　C 男的觉得汉语很有意思

   (3) A 那件衣服不好看　　B 今天挺冷的，得多穿点儿衣服　C 天气冷，还是不去好

   (4) A 去朋友家看足球比赛　B 去看电影　　　　　　C 去看足球比赛

   (5) A 一点儿也不美　　　B 人很多　　　　　　　　C 商店太多了

   단어　□ 公斤 gōngjīn 킬로그램(kg)

2. 녹음을 잘 듣고 주어진 명제의 옳고 그름을 판단하시오.

   (1) ★ 我已经买了火车票。　　　　　　　　　（　　　）

   (2) ★ 我今年十八岁。　　　　　　　　　　　（　　　）

   (3) ★ 张先生夫妇是篮球迷。　　　　　　　　（　　　）

   (4) ★ 他现在就在中国。　　　　　　　　　　（　　　）

   단어　□ 爱人 àiren 배우자　　□ 夫妇 fūfù 부부　　□ ……迷 ……mí ……마니아
   　　　　□ 地理 dìlǐ 지리

阅读 yuèdú 읽기

1. 보기에서 적당한 단어를 골라 빈칸을 채우시오.

   보기   得   而且   越来越   跟   对

   (1) 我（　　）中国的一切都感兴趣。

   (2) 因为我妹妹很爱吃巧克力，所以她的身体（　　）胖。

   (3) 你的手机（　　）谁的一样？

   (4) 最近胖了十斤，我（　　）运动了。

   (5) 他不但学习很好，（　　）也常帮助别人。

   단어
   - 一切 yíqiè 모두
   - 巧克力 qiǎokèlì 초콜릿

2. 서로 관련 있는 것들끼리 짝을 지으시오.

   A   你去过几次中国？
   B   我和小王约好明天去逛街。你去吗？
   C   你的汉字真漂亮。
   D   你一天睡几个小时？
   E   我已经学了一年了。可是我的汉语还是不太好。

   (1) 因为我从小就对书法很感兴趣。　　[　]

   (2) 从晚上十一点到早上六点，一共睡七个小时。　　[　]

   (3) 你得多听、多说。　　[　]

   (4) 我还没去过呢。　　[　]

   (5) 要是下雨，我就不去了。　　[　]

   단어
   - 汉字 Hànzì 한자
   - 还是 háishi 그래도, 여전히
   - 书法 shūfǎ 서예
   - 听 tīng 듣다

说 shuō 말하기

다음 질문에 답하시오.

(1) 你对中国的什么感兴趣?

→ _____

(2) 你对中国的哪个城市感兴趣?

→ _____

(3) 你读大学以前学过汉语吗?

→ _____

(4) 你最想给外国人介绍韩国的哪个城市? 为什么?

→ _____

(5) 如果对韩国的传统文化感兴趣的话，应该去哪儿看看呢?

→ _____

단어
- 读 dú 읽다, 공부하다, (학교에) 다니다
- 外国人 wàiguórén 외국인

写 xiě 쓰기

1. 주어진 단어를 중국어의 어순에 맞게 다시 배열하시오.

(1) 夏天 / 听说 / 很 / 的 / 热 / 上海

→ _____

(2) 汉语 / 来 / 学 / 中国 / 过 / 以前 / 我 / 就

→ _____

(3) 汉语 / 越来越 / 对 / 我 / 了 / 感兴趣

→ _____

(4) 汉语 / 他们 / 也 / 一样 / 学习 / 跟我 / 都 / 喜欢

→ _____

2. 다음을 중국어로 작문하시오.

(1) 그들도 모두 저와 마찬가지로 중국에 가본 적이 없습니다.

→ _____

(2) 저는 중국에 오기 전부터 중국 역사에 관심이 있었습니다.

→ _____

(3) 만약 당신이 중국에 관심이 있다면, 중국어를 공부하세요.

→ _____

(4) 그의 몸은 점점 좋아지고 있습니다.

→ _____

(5) 저는 점점 살이 찌고 있습니다. 그래서 저는 운동을 해야 합니다.

→ _____

第十一课

要是坐不上，就回不了家了。

Yàoshi zuò bu shàng, jiù huí bu liǎo jiā le.

학습목표

단순 방향보어[B] - '上[shàng]'의 파생의
一定要坐上。Yídìng yào zuò shàng.

가능보어의 용법(3) - '坐不上[zuò bu shàng]'
要是坐不上，就回不了家了。
Yàoshi zuò bu shàng, jiù huí bu liǎo jiā le.

정도보어와 가능보어의 구분

복문(3) - '要是[yàoshi]'와 '就[jiù]'를 사용하는 가정복문
要是坐不上，就回不了家了。
Yàoshi zuò bu shàng, jiù huí bu liǎo jiā le.

단어 生词 shēngcí

☐☐ 01	公共汽车	gōnggòng qìchē	명	버스
☐☐ 02	出发	chūfā	동	출발하다
☐☐ 03	跑	pǎo	동	뛰다, 달리다
☐☐ 04	辆	liàng	양	자동차를 세는 양사. 대
☐☐ 05	末班车	mòbānchē	명	(버스, 지하철 등의) 막차

　　　*首班车 shǒubānchē 명 (버스, 지하철 등의) 첫차

☐☐ 06	上	shàng	동	동사의 동작이 아래에서 위로 향하는 것을 나타내는 단순 방향보어
☐☐ 07	坐不上	zuò bu shàng		탈 수 없다
☐☐ 08	回不了	huí bu liǎo		돌아갈 수 없다
☐☐ 09	过	guò	동	지나다, 경과하다
☐☐ 10	过去	guòqù	동	지나가다
☐☐ 11	玩儿	wánr	동	놀다
☐☐ 12	过瘾	guò//yǐn	동	(취미, 흥미, 소일거리 등을) 실컷 하다, 만족할 정도로 하다
☐☐ 13	大后天	dàhòutiān	명	글피
☐☐ 14	送	sòng	동	보내다, 선물하다
☐☐ 15	礼物	lǐwù	명	선물
☐☐ 16	瓶	píng	양	병에 담긴 액체를 세는 양사. 병
☐☐ 17	酒	jiǔ	명	술

□□18 丝巾　　　sījīn　　　　명 실크 스카프

□□19 月底　　　yuèdǐ　　　　명 월말

　*底 dǐ 명 바닥, 끝, 말(末)

□□20 最后　　　zuìhòu　　　　명 마지막, 최후, 가장 끝

잠깐! 틀리기 쉬운 표현

＊수전노 한 수전노(守錢奴)

중 守财奴[shǒucáinú], 看财奴[kāncáinú]

'수전노'는 말 그대로 '돈을 지키는 노예'라는 뜻으로 인색한 사람이나 구두쇠를 지칭한다. 그런데 중국어에서는 중간의 '돈 전(錢)'자를 '재물 재(財)'자로 바꾸어 표현한다. 굳이 분석하자면, '돈(錢)'보다는 '재물(財)'이 더 의미 범위가 넓기 때문에, 중국 사람은 돈 이외에도 값어치가 있는 물건은 다 아낀다고 말하는 셈이니 한국보다 더 '구두쇠'라고 해야 할까? '看财奴[kāncáinú]'는 '守财奴[shǒucáinú]'의 '守[shǒu]'를 '看[kān]'으로 바꾼 표현인데, 동사 '看'은 제1성 '[kān]'으로 발음하면 '지키다'라는 뜻이 되기 때문에 의미는 '守[shǒu]'와 같다고 하겠다.

⓫ 要是坐不上，就回不了家了。Yàoshi zuò bu shàng, jiù huí bu liǎo jiā le.

문법 语法 yǔfǎ

1 단순 방향보어[B] – '上[shàng]'의 파생의

'上[shàng]'은 동사의 뒤에서 동작이 낮은 곳에서 높은 곳으로 행해지는 것을 나타내지만, 파생의로 쓰일 때는 다음과 같은 추상적인 의미를 나타낸다.

가 이루기 힘든 목표 혹은 목적을 달성하였음을 나타낸다.
- 我弟弟考上了北京大学。Wǒ dìdi kǎo shàngle Běijīng Dàxué.
- 我坐上飞机了。Wǒ zuò shàng fēijī le.
- 我还没赶上她的汉语水平。Wǒ hái méi gǎn shàng tā de Hànyǔ shuǐpíng.

나 분리되어 있던 것이 합쳐지거나 열려 있던 것이 닫혀서 그대로 유지되고 있음을 나타낸다.
- 请关上窗户！Qǐng guān shàng chuānghu!
- 我穿上衣服就出去了。Wǒ chuān shàng yīfu jiù chū qu le.
- 请合上课本。Qǐng hé shàng kèběn.

2 가능보어의 용법(3) – '坐不上[zuò bu shàng]'

'上[shàng]'은 주로 가능보어의 부정형과 결합하여 어떤 장애물 혹은 방해로 인하여 동사의 동작을 실현할 수 없음을 나타낸다. 긍정형(동사 + 得[de] + 上[shàng])은 간혹 의문문에 보일 뿐, 실제로는 잘 쓰이지 않는다.

| 어순 | 동사 + 得[de] + 上[shàng] |

| 부정 | 동사 + 不[bu] + 上[shàng] |

- 这件衣服太瘦，我穿不上。Zhè jiàn yīfu tài shòu, wǒ chuān bu shàng.
- 这个门关不上啊！Zhège mén guān bu shàng a!
- 这个房门锁得上吗? Zhège fángmén suǒ de shàng ma?

참고 가능보어의 용법(1): step2 제11과 (128쪽)
가능보어의 용법(2): step3 제4과 (60쪽)

단어
- 北京大学 Běijīng Dàxué 베이징대학
- 水平 shuǐpíng 수준
- 窗户 chuānghu 창문, 창
- 门 mén 문, 도어
- 赶 gǎn (뒤)쫓다, 서두르다
- 关 guān (문, 창 등을) 닫다, (스위치 등을) 끄다
- 合 hé 닫다, 합치다
- 房门 fángmén 방문
- 课本 kèběn 교과서
- 锁 suǒ (열쇠로) 잠그다

3 정도보어와 가능보어의 구분

정도보어와 가능보어는 대부분 쉽게 구별할 수 있지만, 간혹 구조적으로 동일하게 보이는 경우도 있다.

	정도보어	가능보어
跑得快 pǎo de kuài	달리는 정도가 빠르다.	빨리 달릴 수 있다.

이러한 경우에는 문맥의 흐름을 보고서 그것이 정도보어인지 혹은 가능보어인지를 판단해야 하지만, 일반적으로는 수식성분의 존재유무와 정반의문문의 형태로 구분할 수 있다.

가 수식성분의 존재유무

정도보어는 보어가 부사의 수식을 받을 수 있지만, 가능보어는 불가능하다. 아래 예문은 '快[kuài]'가 부사 '很[hěn]'의 수식을 받고 있으므로, 가능보어가 아니라 정도보어 구문임을 알 수 있다.

- 他跑得很快。Tā pǎo de hěn kuài.

나 정반의문문

(1) 정도보어: '得[de]' 이하의 성분으로 정반의문문을 만든다.

> **어순** 동사 + 得[de] + 보어 + 不[bu] + 보어

他 跑 得 快 不 快?
Tā pǎo de kuài bu kuài?

---

1 가. · 내 남동생은 베이징대학에 (시험을 쳐서) 합격했습니다.
· 나는 비행기에 탔습니다.
· 나는 아직 그녀의 중국어 실력에 미치지 (좇아가지) 못합니다.
나. · 창문을 (꼭) 닫아 주세요.
· 나는 옷을 (다) 입고 바로 나갔다.
· 교과서를 덮어 주세요.

2 · 이 옷은 너무 작아서, 나는 입을 수가 없습니다.
· 이 문은 닫을 수가 없어요!
· 이 방문은 (열쇠로) 잠글 수 있나요?

3 가. [직역] 그는 달리기가 아주 빠릅니다.
→ 그는 아주 빨리 달립니다.
나. (1) 그는 달리기가 빠릅니까 빠르지 않습니까?

⑪ 要是坐不上，就回不了家了。Yàoshi zuò bu shàng, jiù huí bu liǎo jiā le.

문법 语法 yǔfǎ

(2) 가능보어: 동사를 포함하는 술어 전체를 정반의문문으로 만든다.

> 어순 동사 + 得[de] + 보어 + 동사 + 不[bu] + 보어

他 跑 得 快 跑 不 快?
Tā pǎo de kuài pǎo bu kuài?

4 복문(3) – '要是[yàoshi]'와 '就[jiù]'를 사용하는 가정복문

가정절에 주어진 특정한 조건이 성립한다면, 주절의 결과는 극히 '자연'스럽고 '당연'하게 이루어질 것임을 표시한다. 가정조건절에 접속사 '要是[yàoshi]'(혹은 '如果[rúguǒ]')를, 주절에 부사 '就[jiù]'를 사용하는데, '要是[yàoshi]'(혹은 '如果[rúguǒ]')는 생략할 수 있지만, 주절의 '就[jiù]'는 일반적으로 생략하지 않는다.

> 어순 (要是[yàoshi]/ 如果[rúguǒ]) + 가정조건, (주어) + 就[jiù] + 동사(구)/형용사(구)

(要是) 她去, 我 就 去。
(Yàoshi) tā qù, wǒ jiù qù.

- (要是)有钱, 我就去中国旅游。(Yàoshi) yǒu qián, wǒ jiù qù Zhōngguó lǚyóu.
- (要是)考不上大学, 我就找工作。(Yàoshi) kǎo bu shàng dàxué, wǒ jiù zhǎo gōngzuò.
- (如果)我有时间, 就给你打电话。(Rúguǒ) wǒ yǒu shíjiān, jiù gěi nǐ dǎ diànhuà.
- (如果)明天下雨, 我就不去。(Rúguǒ) míngtiān xià yǔ, wǒ jiù bú qù.

(2) 그는 빨리 달릴 수 있습니까 없습니까?

4
- 만약 그녀가 간다면, 나도 갑니다.
- 만약 돈이 있다면, 나는 중국에 여행을 가겠습니다.
- 만약 대학에 합격할 수 없다면, 나는 직업을 찾을 겁니다.
- 만약 내가 시간이 있다면, 당신에게 전화를 걸겠습니다.
- 만약 내일 비가 내린다면, 나는 가지 않을 겁니다.

본문 课文 kèwén

1. 상하이에서의 마지막 날, 경민, 리리, 징징 세 사람은 와이탄(外滩)에서 푸둥(浦东)의 야경을 구경하다가 자정이 가까워서야 아쉬움을 뒤로 한 채 호텔로 향한다.

王莉莉 公共汽车快要出发了，快点儿跑。
Wáng Lìli Gōnggòng qìchē kuàiyào chūfā le, kuài diǎnr pǎo.

李晶晶 那辆是末班车。
Lǐ Jīngjing Nà liàng shì mòbānchē.

一定要坐上。
Yídìng yào zuò shàng.

> Tip
> '快要[kuàiyào]……了[le]'와 '就要[jiùyào]……了[le]'의 용법, 둘 사이의 차이점은 step2 제11과 (128쪽) 참고.

王莉莉 要是坐不上，就回不了家了。
Wáng Lìli Yàoshi zuò bu shàng, jiù huí bu liǎo jiā le.

> Tip
> 가능보어 '回不了[huí bu liǎo]'에 대해서는 step2 제11과 (128쪽) '가능보어의 용법(1)' 참고.

(간신히 버스에 올라탄 세 사람은 운 좋게도 뒤쪽의 빈 좌석을 발견하고 그쪽으로 가서 앉는다.)

王莉莉 时间过得真快，我们马上就要回北京去了。
Wáng Lìli Shíjiān guò de zhēn kuài, wǒmen mǎshàng jiùyào huí Běijīng qù le.

金景民 真的，三天很快就过去了。
Jīn Jǐngmín Zhēn de, sān tiān hěn kuài jiù guòqù le.

我们来上海玩儿得很过瘾。
Wǒmen lái Shànghǎi wánr de hěn guò yǐn.

새로 나온 단어

公共汽车	gōnggòng qìchē	버스
出发	chūfā	출발하다
跑	pǎo	뛰다, 달리다
辆	liàng	자동차를 세는 양사. 대
末班车	mòbānchē	(버스, 지하철 등의) 막차
*首班车	shǒubānchē	(버스, 지하철 등의) 첫차
上	shàng	동사의 동작이 아래에서 위로 향하는 것을 나타내는 단순 방향보어
坐不上	zuò bu shàng	탈 수 없다
回不了	huí bu liǎo	돌아갈 수 없다
过	guò	지나다, 경과하다
过去	guòqù	지나가다
玩儿	wánr	놀다
过瘾	guò//yǐn	(취미, 흥미, 소일거리 등을) 실컷 하다, 만족할 정도로 하다

⑪ 要是坐不上，就回不了家了。 Yàoshi zuò bu shàng, jiù huí bu liǎo jiā le.

李晶晶　你什么时候回韩国去?
Lǐ Jīngjing　Nǐ shénme shíhou huí Hánguó qù?

金景民　大后天。明天到了北京以后，我还要去买一些送家人的礼物。
Jīn Jǐngmín　Dàhòutiān. Míngtiān dàole Běijīng yǐhòu, wǒ hái yào qù mǎi yìxiē sòng jiārén de lǐwù.

王莉莉　你打算买什么礼物?
Wáng Lìli　Nǐ dǎsuan mǎi shénme lǐwù?

金景民　我想给爸爸买一瓶中国酒，给妈妈买一条丝巾。
Jīn Jǐngmín　Wǒ xiǎng gěi bàba mǎi yì píng Zhōngguójiǔ, gěi māma mǎi yì tiáo sījīn.

李晶晶　莉莉，你呢? 什么时候去韩国?
Lǐ Jīngjing　Lìli, nǐ ne? Shénme shíhou qù Hánguó?

王莉莉　这个月底。
Wáng Lìli　Zhège yuèdǐ.

새로 나온 단어

大后天	dàhòutiān	글피	酒	jiǔ	술
送	sòng	보내다, 선물하다	丝巾	sījīn	실크 스카프
礼物	lǐwù	선물	月底	yuèdǐ	월말
瓶	píng	병에 담긴 액체를 세는 양사. 병	*底	dǐ	바닥, 끝, 말(末)

❷ 日记 Rìjì

| 日期 Rìqī | 七月十六日 qī yuè shíliù rì | 星期二 xīngqī'èr | 天气 Tiānqì | 晴转阴 qíng zhuǎn yīn |  |

三天的时间很短。今天是在上海的最后一天。我和王莉莉明天就要回北京去了。我到了北京还得去买一些送家人的礼物。我想给爸爸买一瓶中国酒，给妈妈买一条丝巾。

Sān tiān de shíjiān hěn duǎn. Jīntiān shì zài Shànghǎi de zuìhòu yì tiān. Wǒ hé Wáng Lìli míngtiān jiù yào huí Běijīng qù le. Wǒ dàole Běijīng hái děi qù mǎi yìxiē sòng jiārén de lǐwù. Wǒ xiǎng gěi bàba mǎi yì píng Zhōngguójiǔ, gěi māma mǎi yì tiáo sījīn.

새로 나온 단어

| 最后 | zuìhòu | 마지막, 최후, 가장 끝 |

⓫ 要是坐不上，就回不了家了。Yàoshi zuò bu shàng, jiù huí bu liǎo jiā le.

문형연습 句型练习 jùxíng liànxí 　기본문형 익히기

他们一定要坐上那辆公共汽车。
Tāmen yídìng yào zuò shàng nà liàng gōnggòng qìchē.

바꿔 봅시다!

你们 nǐmen	拉上窗帘 lā shàng chuānglián
学生们 xuéshengmen	合上书 hé shàng shū
她 tā	闭上眼睛 bì shàng yǎnjing

我们要是坐不上，就回不了家了。
Wǒmen yàoshi zuò bu shàng, jiù huí bu liǎo jiā le.

바꿔 봅시다!

窗帘 chuānglián	拉不上 lā bu shàng	别拉 bié lā
眼睛 yǎnjing	闭不上 bì bu shàng	睡不了觉 shuì bu liǎo jiào
声音 shēngyīn	录不上 lù bu shàng	听不了 tīng bu liǎo

단어
- 拉 lā 당기다
- 窗帘 chuānglián 커튼
- 合 hé 합치다
- 闭 bì 닫다
- 声音 shēngyīn 소리, 목소리
- 录 lù 녹음(녹화)하다
- 听 tīng 듣다

要是她去，我就去。
Yàoshi tā qù, wǒ jiù qù.

바꿔 봅시다!

有钱 yǒu qián
我有时间 wǒ yǒu shíjiān
明天下雨 míngtiān xià yǔ

바꿔 봅시다!

去中国旅游 qù Zhōngguó lǚyóu
给你打电话 gěi nǐ dǎ diànhuà
不去了 bú qù le

我们马上就要回北京去了。
Wǒmen mǎshàng jiùyào huí Běijīng qù le.

바꿔 봅시다!

她后天 tā hòutiān
爸爸大后天 bàba dàhòutiān
我们十二月十五号 wǒmen shí'èr yuè shíwǔ hào

바꿔 봅시다!

过生日 guò shēngrì
回来 huí lái
放寒假 fàng hánjià

단어
- 寒假 hánjià 겨울방학

⑪ 要是坐不上，就回不了家了。Yàoshi zuò bu shàng, jiù huí bu liǎo jiā le.

연습문제 练习 liànxí

听 tīng 듣기

1. 남녀의 대화 내용에 근거하여 정답을 찾으시오.

   (1) A 去美发店　　　　　B 去医院　　　　　　C 去饭馆儿

   (2) A 七月十六号　　　　B 七月十八号　　　　C 不知道

   (3) A 晚上十一点　　　　B 晚上八点　　　　　C 早上六点

   (4) A 机场　　　　　　　B 大巴　　　　　　　C 全聚德

   (5) A 二十岁　　　　　　B 二十二岁　　　　　C 二十四岁

   단어
   - 孩子 háizi 아이, 어린이
   - 窗帘 chuānglián 커튼
   - 拉 lā 당기다
   - 慢 màn (속도가) 느리다
   - 大 dà (나이가) 많다
   - 个子 gèzi 키

2. 녹음을 잘 듣고 주어진 명제의 옳고 그름을 판단하시오.

   (1) ★ 小金没有护照。　　　　　　　　　　(　　)

   (2) ★ 现在我妈妈身体已经好了。　　　　　(　　)

   (3) ★ 爸爸比妈妈大五岁。　　　　　　　　(　　)

   (4) ★ 我很喜欢北京。　　　　　　　　　　(　　)

   단어
   - 照 zhào (사진, 영화를) 찍다
   - 照片 zhàopiàn 사진
   - 年轻 niánqīng 젊다
   - 印象 yìnxiàng 인상
   - 钱包 qiánbāo 지갑
   - 热情 rèqíng 열정적이다, 친절하다
   - 爱 ài 사랑하다

阅读 yuèdú 읽기

1. 보기에서 적당한 단어를 골라 빈칸을 채우시오.

보기   不了   上   辆   瓶   条

(1) 母亲节的时候，我买了一（　　）丝巾给妈妈。

(2) 这些作业做不完，今天我就回（　　）家了。

(3) 你们昨天喝了多少（　　）酒啊？

(4) 上个月底，他买了一（　　）汽车。

(5) 我们一定要坐（　　）火车。

단어
- 母亲节 Mǔqīn Jié 어머니날 (5월 둘째 일요일)
- 汽车 qìchē 자동차

2. 서로 관련 있는 것들끼리 짝을 지으시오.

A　八点了，你得起床了。
B　快要上课了，你为什么现在才来？
C　电梯里人满了。
D　先生，您想要哪种电视？
E　要考试了。

(1) 你说，我们能坐得下吗？　　　　　　　　□

(2) 我今天十一点才有课，九点起床也不晚。　□

(3) 比这台大一点儿的。　　　　　　　　　　□

(4) 请大家都合上书本。　　　　　　　　　　□

(5) 今天早上起得晚，没坐上公共汽车。还好，没迟到。　□

단어
- 电梯 diàntī 엘리베이터
- 满 mǎn 가득하다, 차다
- 台 tái 기계, 장치류를 세는 양사. 대
- 合 hé 닫다, 합치다
- 书本 shūběn 서적

⑪ 要是坐不上，就回不了家了。Yàoshi zuò bu shàng, jiù huí bu liǎo jiā le.

说 shuō 말하기

다음 질문에 답하시오.

(1) 你妈妈生日的时候，你送过什么礼物？

→ _____

(2) 你爸爸生日的时候，你送过什么礼物？

→ _____

(3) 你喝过中国酒吗？

→ _____

(4) 你坐过末班车吗？

→ _____

(5) 你坐过首班车吗？

→ _____

写 xiě 쓰기

1. 주어진 단어를 중국어의 어순에 맞게 다시 배열하시오.

(1) 酒 / 瓶 / 我 / 给爸爸 / 一 / 中国 / 想 / 买

→ _____

(2) 一天 / 今天 / 首尔 / 是 / 的 / 在 / 最后

→ _____

(3) 公共汽车 / 没 / 我们 / 坐上 / 差点儿

→ _____

(4) 合上 / 一定 / 考试 / 书 / 要 / 的时候

→ _____

2. 다음을 중국어로 작문하시오.

(1) 저 차가 막차이니, 반드시 타야만 합니다.

→ _____

(2) 당신은 가족에게 무슨 선물을 사주려고 합니까?

→ _____

(3) 만약에 타지 못하면, 집에 돌아갈 수 없게 됩니다.

→ _____

(4) 저는 이달 말에 한국으로 돌아갑니다.

→ _____

(5) 버스가 곧 출발합니다.

→ _____

⓫ 要是坐不上，就回不了家了。Yàoshi zuò bu shàng, jiù huí bu liǎo jiā le.

중국 문화 6

중국의 요리 이름

　중국요리는 산동요리(山东菜[Shāndōngcài]), 광동요리(广东菜[Guǎngdōngcài]), 상해요리(上海菜[Shànghǎicài]), 사천요리(四川菜[Sìchuāncài]) 등으로 나누어진다. 각 지역 요리는 나름대로 특징이 있는데, 산동요리는 중국 궁중요리와 베이징요리 등 북방요리의 모태가 되었고, 광동요리는 사람이 먹을 수 있는 음식재료는 전부 다 활용하는 것으로 유명하며, 상해요리는 설탕을 넣어 단 맛을 내는 요리가 많고, 사천요리는 매운 맛으로 유명하다.

　중국요리는 어떤 지역 요리이든 요리 이름에 그 요리에 대한 많은 정보가 담겨 있다. 따라서 요리이름을 보는 방법만 알아도 중국요리를 먹을 때 중국 전문가인 척 할 수 있다. 여기서는 자주 볼 수 있는 두 가지 패턴을 소개한다.

(1) 조리 방법과 재료명으로 이루어진 요리명

❶ 糖醋肉[tángcùròu]: 탕수육. 설탕(糖)과 식초(醋)로 맛을 낸 돼지고기(肉) 요리. 중국어에서 그냥 '肉[ròu]'라고 하면 일반적으로 돼지고기를 뜻한다.

❷ 青椒肉丝 [qīngjiāoròusī]: 고추잡채. 피망(青椒)과 돼지고기(肉)를 잘게 썰어서(丝) 강한 불에 볶은 요리.

❸ 干烹鸡[gānpēngjī]: 깐풍기. 재료를 한 번 튀긴 다음 다시 조미하는 과정(干烹)을 거친 닭고기(鸡) 요리.

(2) 요리를 만든 사람이나 관직이 등장하는 요리명

❹ 麻婆豆腐[mápódòufu]: 마파두부. 곰보 할머니(麻婆)의 두부(豆腐)요리.

❺ 宫保鸡丁[gōngbǎojīdīng]: 궁보계정. 궁보(宫保)라는 관직에 있던 사람이 즐겨 먹던 닭(鸡)요리인데, 닭고기를 주사위 모양으로 잘라서(丁) 조리한 요리.

❻ 东坡肉[dōngpōròu]: 동파육. 소동파(苏东坡)가 만들었다고 알려진 돼지고기(肉) 조림 요리.

第十二课

후반부 총복습

- 본문 복습
- 새로 나온 단어
- 문법 사항 복습

我 来 中 国 以 前 就 对 上 海 这 个 城市 很 感 兴 趣。因 为 上 海 不 但 是 中 国 最 大 的 工 商 业 城 市，也 是 大 韩 民 国 临 时 政 府 旧 址 的 所 在 地。王 莉 莉 上 海 有 一 个 朋 友，叫 李 晶 晶。她 和 王 莉 莉 一 样，也 很 热 情。她 非 常 欢 迎 我 们 去 上 海 玩 儿，还 说 愿 意 当 我 们 的 导 游。上 海 的 外 滩、豫 园、南 京 路、东 方 明 珠 都 是 著 名 的 旅 游 景 点。

Wǒ lái Zhōngguó yǐqián jiù duì Shànghǎi zhège chéngshì hěn gǎn xìngqù. Yīnwèi Shànghǎi búdàn shì Zhōngguó zuì dà de gōngshāngyè chéngshì, yě shì Dàhánmínguó Línshí Zhèngfǔ jiùzhǐ de suǒzàidì. Wáng Lìli Shànghǎi yǒu yí ge péngyou, jiào Lǐ Jīngjing. Tā hé Wáng Lìli yíyàng, yě hěn rèqíng. Tā fēicháng huānyíng wǒmen qù Shànghǎi wánr, hái shuō yuànyì dāng wǒmen de dǎoyóu. Shànghǎi de Wàitān, Yùyuán, Nánjīnglù, Dōngfāng Míngzhū dōu shì zhùmíng de lǚyóu jǐngdiǎn.

새로 나온 단어

热情	rèqíng	열정적이다, 친절하다
愿意	yuànyì	희망하다, ……하기를 바라다
导游	dǎoyóu	안내하다; 관광 가이드
著名	zhùmíng	저명하다
景点	jǐngdiǎn	명소

고유명사

南京路	Nánjīnglù	난징루

我 建议 大家 有 机 会 到 上 海, 也 去 看
Wǒ jiànyì dàjiā yǒu jīhuì dào Shànghǎi, yě qù kàn
看 那 些 地 方 。 我 们 从 北 京 去 上 海 的
kan nàxiē dìfang. Wǒmen cóng Běijīng qù Shànghǎi de
时 候 , 是 坐 火 车 去 的 。 但 是 从 上 海
shíhou, shì zuò huǒchē qù de. Dànshì cóng Shànghǎi
回 北 京 的 时 候 , 是 坐 飞 机 的 。 上 海
huí Běijīng de shíhou, shì zuò fēijī de. Shànghǎi
有 两 个 机 场 , 一 个 是 浦 东 机 场 , 一
yǒu liǎng ge jīchǎng, yí ge shì Pǔdōng Jīchǎng, yí
个 是 虹 桥 机 场 。 我 们 是 在 虹 桥 机 场
ge shì Hóngqiáo Jīchǎng. Wǒmen shì zài Hóngqiáo Jīchǎng
坐 的 飞 机 。 中 国 国 内 航 班 都 从 虹 桥
zuò de fēijī. Zhōngguó guónèi hángbān dōu cóng Hóngqiáo
机 场 出 发 。
Jīchǎng chūfā.

새로 나온 단어

机会	jīhuì	기회
国内	guónèi	국내(의)
航班	hángbān	(선박이나 비행기의) 운항편, 취항순서

고유명사

浦东机场	Pǔdōng Jīchǎng	푸둥공항
虹桥机场	Hóngqiáo Jīchǎng	훙차오공항

문법 사항 복습

A. '一边[yìbiān]……一边[yìbiān] ……'의 용법

> 두 가지 동작이 동시에 진행됨을 나타낸다. 'A'와 'B'에는 동사(구)만 들어갈 수 있다.
> 어순: 一边[yìbiān] + A[동사(구)] + 一边[yìbiān] + B[동사(구)]

❶ 제 남동생은 TV를 보면서 밥을 먹습니다. ⇨ ☐

❷ 저는 음악을 들으면서 책을 봅니다.(音乐 yīnyuè: 음악 / 听 tīng: 듣다)
   ⇨ ☐

❸ 그들은 밥을 먹으면서 이야기를 나눕니다. ⇨ ☐

B. 동사를 수식하는 단음절 형용사

> '多[duō]' + 동사: '多[duō]'와 같은 소수의 단음절 형용사는 동사를 직접 수식할 수 있다.

❶ 채소 많이 드세요.(蔬菜 shūcài: 채소) ⇨ ☐

❷ 물 많이 마시세요.(水 shuǐ: 물) ⇨ ☐

❸ 영화를 많이 보세요. ⇨ ☐

C. '每[měi]' + 명사 + '都[dōu]'

> '……마다 모두'라는 뜻으로, 명사(사물/사람)에 어떠한 예외도 없음을 나타낸다.

❶ 요리마다 입에 맞고 맛있습니다. ⇨ ☐

❷ 옷마다 모두 꽉 낍니다. ⇨ ☐

❸ 우표마다 모두 갖고 싶습니다. ⇨ ☐

D. '不过[búguò]……而已[éryǐ]'의 용법

> '그저(다만) ……에 불과할 뿐'이라는 뜻으로, '不过[búguò]'와 '而已[éryǐ]'의 사이에 동사(구)를 삽입하여 정도나 범위가 대단하지 않음을 나타내는데, 겸양의 느낌이 숨어 있다.

❶ 이게 뭐라고요, 한끼 식사에 불과한데요. ⇨ ☐

❷ 이게 뭐라고요, 차 한 잔에 불과한데요. (杯 bēi: 컵에 담긴 음료를 세는 양사. 잔, 컵)

⇨

❸ 이게 뭐라고요, 셔츠 한 장에 불과한데요. ⇨

E. 비교문

> 가. 차등비교를 나타내는 '比[bǐ]': 'A'는 'B'에 비하여 '(더) 어떠'하다.
> 어순(1): A + 比[bǐ] + B + 형용사(구)/동사(구)
> 어순(2): A + 比[bǐ] + B + 更[gèng]/还[hái] + 형용사(구)/동사(구)
> 어순(3): A + 比[bǐ] + B + 형용사(구)/동사(구) + 多[duō]/得多[de duō]/一点儿[yìdiǎnr]/一些[yìxiē]/수량

❶ 그는 저보다 (키가) 큽니다. ⇨

❷ 그는 저보다 (키가) 더 큽니다. ⇨

❸ 그는 저보다 (키가) 5센티미터 큽니다. (厘米 límǐ: 센티미터(cm))

⇨

❹ 그는 저보다 (키가) 훨씬 더 큽니다. ⇨

❺ 그는 저보다 (키가) 크지 않습니다. ⇨

> 나. 동등비교를 나타내는 '有[yǒu]': 'A'가 'B'의 수준(정도)에 도달하였음을 나타낸다. 주로 부정문과 의문문의 형태로 쓰인다.
> 어순: A + 有[yǒu] + B (+ 这么[zhème]/那么[nàme]) + 형용사(구)/동사(구)
> 부정문: A + 没[méi] + 有[yǒu] + B (+ 这么[zhème]/那么[nàme]) + 형용사(구)/동사(구)

❶ 그는 저만큼 (몸무게가) 무겁지 않습니다. (重 zhòng: [무게가] 무겁다)

⇨

❷ 그는 저만큼 (몸무게가) 이렇게 무겁지는 않습니다.

⇨

❸ 그는 저만큼 (몸무게가) 이렇게 무겁습니다. ⇨

다. 동등비교를 나타내는 '跟[gēn]……一样[yíyàng]': 'A'는 'B'와 같다(같이 '어떠'하다)
  어순(1): A + 跟[gēn] + B + 一样[yíyàng]
  어순(2): A + 跟[gēn] + B + 一样[yíyàng] + 형용사/동사

❶ 그는 저와 같습니다. ⇨

❷ 그의 셔츠는 저의 셔츠와 같습니다. ⇨

❸ 그의 셔츠는 제 것과 같습니다. ⇨

❹ 그의 셔츠는 제 것과 마찬가지로 하얀색입니다. ⇨

❺ 그는 저와 마찬가지로 커피를 좋아합니다. ⇨

F. '左右[zuǒyòu]'

'대략 ……정도'라는 뜻으로, 특정한 수치의 뒤에 쓰여서 어림수를 나타낸다.

❶ 저는 12시쯤에 점심밥을 먹습니다. ⇨

❷ 저는 1년쯤 배웠습니다. ⇨

❸ 저는 중국어를 1년쯤 배웠습니다. ⇨

G. '只好[zhǐhǎo]'

동사(구)의 앞에 쓰여서 '……하는 수 밖에 없다'는 뜻을 나타낸다.

❶ 나는 할 수 없이 모레 기차표를 샀습니다. ⇨

❷ 나는 할 수 없이 내일 출발해야 합니다. ⇨

❸ 나는 할 수 없이 가지 않기로 했습니다. ⇨

H. 개사 '对[duì]'의 용법

对[duì] + 대상/관심사(주제) + 感兴趣[gǎn xìngqù]: ……에 대하여 흥미(관심)가 있다.

❶ 저는 중국 역사에 관심이 있습니다. ⇨

❷ 저는 그에게 관심이 있습니다. ⇨

❸ 저는 그에게 관심이 없습니다. ⇨

❹ 저는 그에게 관심이 많습니다. ⇨

I. 절(구) + '以前[yǐqián]' + '就[jiù]'

절이나 구의 뒤에 쓰여서 '……하기 전부터'라는 뜻을 나타낸다.

❶ 저는 중국에 오기 전부터 중국어를 배웠습니다. ⇨

❷ 저는 중국에 오기 전부터 상하이에 관심이 있었습니다.

⇨

❸ 저는 중국어를 배우기 전부터 한자를 쓸 줄 알았습니다.(汉字 Hànzì: 한자)

⇨

J. '不但[búdàn]……, 而且[érqiě]……'

'……뿐만 아니라 게다가 ……'라는 뜻을 나타낸다.

❶ 그녀의 언니는 영어로 말할 수 있을 뿐만 아니라, 중국어도 할 줄 압니다.

⇨

❷ 그 사람은 베이징에 관심이 있을 뿐만 아니라, 상하이에도 관심이 있습니다.

⇨

❸ 그녀의 언니도 중국어로 말할 수 있을 뿐만 아니라, 그녀 역시 중국어를 할 줄 압니다.

⇨

K. '要是[yàoshi]/如果[rúguǒ] + 가정조건 + 的话[de huà]'

'만약 ……이라면'이라는 뜻의 가정절을 이끈다.

❶ 만약 당신이 이 요리를 좋아한다면, 제가 당신에게 만들어 드리겠습니다.

⇨

❷ 만약 내일 비가 온다면, 저는 가지 않습니다. ⇨

❸ 만약 이 셔츠를 좋아한다면, 제가 당신에게 한 장 사드리겠습니다.

⇨

L. '越来越 [yuèláiyuè]'

'더욱 더', '점점 더'라는 뜻으로, 시간이 흐를수록 정도가 더욱 심해짐을 나타낸다.

❶ 날씨가 점점 더 추워지고 있습니다. ⇨

❷ 사람이 점점 더 많아지고 있습니다. ⇨

❸ 색깔이 점점 더 진해지고 있습니다. ⇨

M. 중국어의 보어

가. 정도보어 '得[de]': 동작이나 상태가 도달한 정도를 나타낸다.

　어순: 동사/형용사 + '得[de]' + 정도보어

❶ 그는 중국어를 잘 합니다. ⇨

❷ 그는 한자를 빨리 씁니다. (汉字 Hànzì: 한자) ⇨

❸ 그는 멋있게 생겼습니다. ⇨

❹ 엄마는 요리를 잘 만듭니다. ⇨

❺ 그는 달리기가 느립니다.(跑 pǎo: 달리다 / 慢 màn: (속도가) 느리다)

　⇨

나. 결과보어: 동사의 동작 결과를 나타낸다.

　동사 + 完[wán]: 동사의 동작을 끝까지 마쳤음을 나타낸다.

❶ 저는 밥을 다 먹었습니다. ⇨

❷ 저는 책을 다 보았습니다. ⇨

❸ 표는 다 팔렸습니다. ⇨

❹ 저는 수업을 다 마쳤습니다. (上课 shàng//kè: 수업하다) ⇨

다. 단순 방향보어[A]: 화자에서 다가오면 '来[lái]', 화자로부터 멀어지면 '去[qù]'를 사용한다.
   (1) 동작이 이미 실현된 상태
      어순: 주어 + 동사 + 来[lái]/去[qù] + 了[le] + 목적어(일반적인 사물)
   (2) 목적어가 장소명사인 경우, 동작이 아직 실현되지 않은 상태
      어순: 주어 + 동사 + 목적어(장소명사/동작의 미실현) + 来[lái]/去[qù]

❶ 그녀는 베이징으로 돌아갔습니다. ⇨

❷ 선생님은 교실로 들어갔습니다. (教室 jiàoshì: 교실) ⇨

❸ 그는 3층으로 올라갔습니다. (楼 lóu: 층) ⇨

라. 가능보어: 결과보어 혹은 방향보어와 결합하여 동사의 동작을 '할 수 있다/할 수 없다'는 뜻을 나타낸다.
   어순: 동사 + '得[de]/不[bu]' + (결과/방향)보어
   看得完[kàn de wán]: 다 볼 수 있다
   坐不上[zuò bu shàng]: 앉을 수 없다, 탈 수 없다
   进不去[jìn bu qù]: 들어갈 수 없다

❶ 당신은 일주일에 이 책을 다 볼 수 있습니까?

   ⇨

❷ 버스 안에 사람이 너무 많아서, 올라 탈 수 없습니다.

   ⇨

❸ 이 물건은 너무 커서, 들어가 지지 않습니다.

   ⇨

듣기원문 및 연습문제 정답

제1과

듣기 원문

1. (1) 男: 欢迎光临！
    女: 我要一个房间。
    男: 您要住几天?
    女: 两天。
    问: 他们最可能在哪儿?

   (2) 女: 你去哪儿?
    男: 去机场。
    女: 你坐什么去?
    男: 坐大巴。
    问: 男的现在不可能在哪儿?

   (3) 男: 你知道小张的房间号码吗?
    女: 知道。他住1007号。
    男: 你去过吗?
    女: 没去过。
    问: 小张的房间号码是多少?

   (4) 女: 我可以用一用你的笔吗?
    男: 你要什么颜色的?
    女: 我要黑色的。
    男: 好，给你。
    问: 女的怎么了?

   (5) 男: 你有护照吗?
    女: 有哇。
    男: 给我看看。
    女: 现在没带，在家里。
    问: 女的护照在哪儿?

2. (1) 我今天下午四点到了北京。我从北京首都机场坐大巴去了北京火车站。北京火车站附近有很多宾馆。我住的宾馆也在北京火车站附近。
    ★ 我是今天十六点到的北京。

   (2) 我妈妈早上去易买得买了很多东西。她说今天晚上要给我和爸爸做面条。
    ★ 我家有四口人。

   (3) 我很喜欢看足球比赛，可是因为我要准备英语考试，没有时间看比赛。听说昨天的足球比赛很精彩！韩国队二比一赢了。
    ★ 我天天看足球比赛。

   (4) 小姐，我不知道怎么填。你可以帮我填一填这个住宿登记单吗?
    ★ 现在我在饭馆儿吃饭。

연습문제 정답

[听 tīng 듣기]

1. (1) B (2) A (3) C (4) A (5) C
2. (1) O (2) X (3) X (4) X

[阅读 yuèdú 읽기]

1. (1) 你要红色的(还是)黑色的?
    (2) 你打算借(几)天?
    (3) 我也想看(一)看。
    (4) 我是(从)机场去的。
    (5) 我家里(正好)有空房间，你来我家吧。

2. (1) C (2) B (3) A (4) E (5) D

[写 xiě 쓰기]

1. (1) 这是我的护照。
    (2) 我在这儿住三天。
    (3) 那家宾馆还有空房间吗?
    (4) 我从机场坐大巴回家。

2. (1) 欢迎光临！
    (2) 这样填，行吗?
    (3) 那家宾馆正好有空房间。
    (4) 我打算住两天。
    (5) 我打算从北京首都机场坐大巴去北京火车站。

제2과

듣기 원문

1. (1) 男: 你和李先生见面了吗?
    女: 还没有呢。
    男: 打算什么时候见面?
    女: 我们约好明天下午两点见面。
    问: 女的什么时候和李先生见面?

   (2) 女: 来电话了。快去接电话吧。
    男: 你怎么不去接?
    女: 我在洗手间呢。

男: 好, 好, 我去接。
问: 女的现在在哪儿?
(3) 男: 小李, 你现在有空儿吗?
女: 有哇。怎么了?
男: 对不起, 我的汉语书在你那儿呢。
女: 你这个马大哈。
问: 男的怎么了?
(4) 女: 你喜欢吃肉吗?
男: 喜欢。
女: 那我们今天去吃猪排骨, 怎么样?
男: 太好了。
问: 他们要去哪儿?
(5) 男: 快八点了, 小金怎么还不起床?
女: 他昨晚十一点才回来。
男: 是吗? 那我们先吃饭吧。
女: 好的。
问: 女的是什么意思?

2. (1) 今天我给你打了几次电话, 你都不接。你去哪儿了? 什么? 去学校了? 今天是星期五, 你不是没有课吗?

★ 今天是星期四。

(2) 最近因为工作很忙, 已经好久没去看电影了。今天晚上我正好有空儿, 打算和几个朋友去看电影。

★ 我很喜欢看电影。

(3) 今天是五月三号, 我姐姐大前天才从中国回来。她回来以后, 要去见很多人, 昨天、今天她都非常忙。

★ 五月二号我姐姐在中国。

(4) 喂? 妈妈, 你现在在哪儿呢? 我没带钥匙, 你快回来吧。

★ 我正在等妈妈回来。

연습문제 정답

[听 tīng 듣기]
1. (1) B (2) C (3) A (4) C (5) B
2. (1) X (2) O (3) X (4) O

[阅读 yuèdú 읽기]
1. (1) 我现在就去你(那儿)。
   (2) 她每天七点半起床, 今天七点(就)起床了。
   (3) 她昨天没去学校, 今天(又)没去。
   (4) 我昨天已经吃过炸酱面, 今天不想(再)吃了。
   (5) 电影两点开始, 他两点一刻(才)到。
2. (1) E (2) C (3) D (4) A (5) B

[写 xiě 쓰기]
1. (1) 明天一定去你那儿。
   (2) 你给他打个电话吧。
   (3) 他不能接电话。
   (4) 你打算几点去王老师那儿?
2. (1) 我马上去你那儿。
   (2) 一会儿见。
   (3) 我又给她打了电话。
   (4) 我今天才给她打了电话。
   (5) 咱们明天再来吃吧。

제3과

듣기 원문

1. (1) 男: 里面有人吗?
   女: 有哇。
   男: 里面是谁?
   女: 是小李的同屋。
   问: 里面的人是谁?
(2) 女: 这个时间怎么还堵车?
   男: 对呀, 现在是下午三点, 这个时间平时都不堵车。
   女: 是不是发生了交通事故呀?
   男: 对, 有可能。
   问: 他们最可能在哪儿?
(3) 男: 你怎么现在才来?
   女: 对不起, 我没迟到吧?
   男: 差点儿迟到了。

女：电影快要开始了，咱们快点儿去吧。
　　问：女的怎么了？
(4) 女：我要去超市，这儿附近有没有？
　　男：有一个。
　　女：在哪儿呢？离这儿不远吗？
　　男：不远，到前边的十字路口向左拐就是。
　　问：超市在哪儿？
(5) 男：你和你哥哥中间的这个人是谁？
　　女：是哥哥的女朋友。
　　男：太漂亮了。
　　女：漂亮什么？
　　问：女的是什么意思？
2. (1) 今天路上发生了交通事故，特别堵车。十点上课，我早上八点就从家里出发了，现在才到，差点儿迟到了。
　　★ 现在是十点五分。
(2) 听汉语老师说天安门广场非常大。中国革命博物馆和中国历史博物馆在广场的东边，人民大会堂在广场的西边。天安门就在广场的北边。
　　★ 我去过天安门广场。
(3) 我弟弟不喜欢一个人睡觉，他特别喜欢在爸爸妈妈的中间睡觉。一到晚上，他的房间里没有人，很安静。
　　★ 弟弟没有自己的房间。
(4) 学生会请了一位演员来我们学校。听说那个演员下午就要到我们学校了。所以校园里人很多，很热闹。
　　★ 演员现在已经到了。

연습문제 정답

[听 tīng 듣기]
1. (1) C　(2) A　(3) B　(4) A　(5) B
2. (1) X　(2) X　(3) X　(4) X

[阅读 yuèdú 읽기]
1. (1) 学校西边(有)一个小商店。
　(2) 我打算暑假(去)中国旅游。
　(3) 美国(离)韩国特别远。
　(4) 我家就(在)前边。
　(5) 前边就(是)我家。
2. (1) E　(2) C　(3) A　(4) B　(5) D

[写 xiě 쓰기]
1. (1) 我前边有两个学生。
　(2) 前边就是我奶奶家。
　(3) 手机在他的手里。
　(4) 离暑假还有两个月。
2. (1) 你今天去哪儿吃饭？
　(2) 学校里有两个食堂。
　(3) 学校外边有很多饭馆儿。
　(4) 听老师说明天不上课，对吗？
　(5) 我家离学校不远。

제4과

듣기 원문

1. (1) 男：我可以尝一尝吗？
　　女：你等等，还要炒一会儿呢。
　　　　好了，你来尝吧。
　　男：好吃是好吃，就是有点儿辣。
　　女：我喜欢辣的。
　　问：男的是什么意思？
(2) 女：你知道那家烤鸭店是哪年开业的吗？
　　男：知道。一九〇五年啊！
　　女：哇，有一百多年的历史了。
　　男：是啊。他们家的烤鸭味道非常好。
　　问：烤鸭店是哪年开业的？
(3) 男：你今天晚上有空儿吗？
　　女：怎么了？
　　男：我想请你看电影。
　　女：对不起，明天有英语考试。我们改天去，怎么样？
　　问：女的是什么意思？
(4) 女：你早上已经喝过咖啡，怎么又喝？
　　男：我一天差不多要喝六七杯呢。
　　女：你喝得太多了。
　　男：我也知道。但是我太喜欢咖啡了。
　　问：男的怎么了？

(5) 男：我没吃过烤鸭，不知道怎么吃？
女：我告诉你吃法。你看，是这么吃的。
男：烤鸭皮真脆，很好吃。
女：好吃吧？我每个星期都要吃一次。
问：女的是什么意思？

2. (1) 这是一所历史悠久的学校，已经有一百多年的历史了。这所学校毕业的名人很多。我女儿也是这所学校的学生，她马上就要毕业了。
★ 我女儿现在不是学生。

(2) 我和大学同学约好今天晚上见面。我们打算先去饭馆儿吃饭。吃了饭，就去看电影。但是，现在路上发生了交通事故，非常堵车，我可能要迟到了。
★ 我已经和朋友见面了。

(3) 我是从今年一月开始学的汉语，已经学了半年了。汉语难是难，但是我还是觉得很有意思。
★ 现在是夏天。

(4) 对不起，我不爱吃甜的，也不爱喝甜的。所以我不喜欢喝可乐，你还是给我茶吧。我喝茶。
★ 我每天都喝可乐。

[听 tīng 듣기]
1. (1) A (2) C (3) C (4) A (5) C
2. (1) X (2) X (3) O (4) X

[阅读 yuèdú 읽기]
1. (1) 你来（ 点 ）菜吧。
(2) 你今天想吃（ 点儿 ）什么？
(3) 除了你（ 以外 ），谁还没吃过烤鸭呢？
(4) 马上就要期末考试了，咱们还是（ 改天 ）去逛街吧。
(5) 这把雨伞贵（ 是 ）贵，但是她一定会喜欢的。

2. (1) C (2) D (3) A (4) E (5) B

[写 xiě 쓰기]
1. (1) 你告诉他今天不上课。
(2) 明天下午去全聚德吃烤鸭怎么样？／
明天下午去吃全聚德烤鸭怎么样？

(3) 那道菜的味道很好。
(4) 这些菜都是她做的。
2. (1) 这家饭馆儿是哪年开业的？
(2) 还要别的吗？
(3) 这道菜怎么吃？
(4) 还是改天去比较好。
(5) 我第一次吃烤鸭。

제5과

듣기 원문
1. (1) 男：小姐，那件女衬衫多少钱？
女：二百四。您要什么颜色的？
男：要白色的。小姐，二百，行不行。
女：先生，很抱歉。我们这儿不讲价。
问：男的要买什么？

(2) 女：怎么了？
男：你看，这件也有点儿瘦。
女：我不让你晚上八点以后吃东西，你就是要吃。
男：我从明天开始去跑步，晚上八点以后不吃东西。
问：男的怎么了？

(3) 男：你家可以上网吗？
女：可以呀！你要上网吗？要查什么？
男：想查查这儿附近有没有美发店。
女：这你不用查。我知道在哪儿。
问：男的想做什么？

(4) 女：你这条牛仔裤是你买的吗？
男：不是我买的。是我女朋友给我买的。
女：这是最近最受欢迎的款式。你穿很好看。
男：是啊。我也很喜欢。
问：这条牛仔裤多少钱？

(5) 男：这家太贵了。咱们还是去别的饭馆儿吧。
女：没关系，今天我请你们吃饭。
男：那我们三个人可以随便点吗？
女：可以。今天我带了很多钱。
问：他们一共几个人？

2. (1) 我穿的这件衬衫是上个星期去百货商场买的。这种款式因为最近很受欢迎，很难买，我差点儿没买到。
   ★ 很多人都想买这件衬衫。
   (2) 深颜色的牛仔裤，夏天穿不好看，夏天要穿浅一点的颜色。现在试穿的这条颜色正好。你就买这一条吧。
   ★ 他们在百货商场。
   (3) 外面雨下得很大。我下午要去图书馆，雨伞前天丢了，家里没有别的雨伞，怎么办呢?
   ★ 我现在在家里。
   (4) 五月了。天气不冷不热，是旅游的好季节。可是因为家人都很忙，没有时间去旅游。这个周末家里可能又是我一个人。
   ★ 今天是星期六。

연습문제 정답

[听 tīng 듣기]
1. (1) B (2) B (3) C (4) C (5) C
2. (1) O (2) O (3) O (4) X

[阅读 yuèdú 읽기]
1. (1) 爸爸妈妈不(让)我喝可乐。
   (2) 我想买便宜(一点儿)的。
   (3) 昨天中午我吃(了)午饭就去图书馆(了)。
   (4) 这件衬衫(有点儿)贵。
   (5) 我(陪)你一起去逛百货商场。
2. (1) C (2) D (3) A (4) E (5) B

[写 xiě 쓰기]
1. (1) 这件衬衫不大不小，正合适。
   (2) 我觉得汉语有点儿难。
   (3) 休息一会儿身体会好一点儿。
   (4) 我问售货员这件衬衫多少钱。
2. (1) 请(你)随便看看。
   (2) 这件衬衫不大不小，正合适。
   (3) 我问售货员多少钱。
   (4) 没办法，我就去收银台付了钱。
   (5) 咱们看了电影就去逛百货商场吧。

제6과

A. 가. 1. 他坐飞机去那个地方。
      2. 我坐地铁去他们学校。
      3. 他坐公共汽车去他妹妹家。
   나. 1. 我去那家饭馆儿吃一道菜。
      2. 我去百货商场买一件衣服。
      3. 我去天安门广场见一个朋友。
   다. 1. 他坐飞机去了那个地方。
      2. 我坐地铁去了他们学校。
      3. 他坐公共汽车去了他妹妹家。
      4. 他去那家饭馆儿吃了一道菜。
      5. 他去百货商场买了一件衣服。
      6. 他去天安门广场见了一个朋友。

B. 1. 这样填，行吗?
   2. 这样写，行吗?

C. 가. 1. 我明天再来。
      2. 我一会儿再给你打电话。
      3. 再来玩儿吧。
   나. 1. 他今天又来了。
      2. 他一会儿又给她打了电话。
      3. 他又来玩儿了。

D. 가. 1. 他身体不舒服，晚上八点就睡（觉）了。
      2. 他家离学校很近，走路五分钟就能到。
      3. 电影两点开始，他们一点就到了。
   나. 1. 他每天上午十点才去图书馆。
      2. 他每天晚上十一点才睡觉。
      3. 我今天才认识他。

E. 1. 我马上就去你那儿。
   2. 他去女朋友那儿了。
   3. 你去他那儿，告诉他。

F. 1. 这件衬衫是逛百货商场的时候买的。
   2. 中国人吃饭的时候说很多话。
   3. 她笑的时候很漂亮。

G. 1. 东西好是好，但是有点儿贵。
   2. 今天我累是累，但是很有意思。
   3. 炸鸡好吃是好吃，但是有点儿油腻。

H. 1. 他除了烤鸭以外，还吃过很多中国菜。
   2. 他除了中国以外，还去过很多国家。
   3. 他除了汉语以外，还会说很多外语。

I. 1. 今天是星期六人很多，但是我还是今天去。
   2. 现在是12点饭馆里人很多，但是我还是现在去吃。
   3. 他不喜欢我，但是我还是喜欢他。

J. 1. 他买来了一个西瓜。
   2. 拿一杯咖啡来吧。
   3. 他回家去了。

K. 1. 妈妈让我吃饭。
   2. 他让我做作业。
   3. 我爸爸让我学习汉语。

L. 1. 这件衬衫不大不小，正合适。
   2. 这条牛仔裤不长不短，正合适。
   3. 这件衣服的颜色不深不浅，正好。

제7과

듣기 원문

1. (1) 男：你去哪儿?
       女：王老师今天邀请我去他家吃饭。
       男：我也要去。
       女：你还是改天去吧。
       问：女的是什么意思?
   (2) 女：你平时早上吃饭吗?
       男：不吃。
       女：你一天吃几顿?
       男：两顿。
       问：男的平时最可能怎么样?

   (3) 男：你最近怎么天天去运动呢?
       女：最近胖了不少。
       男：胖了多少?
       女：胖了十多斤。
       问：女的可能胖了多少?
   (4) 女：你来尝一尝这些菜。
       男：这些都是你做的吗?
       女：对呀。今天是你的生日嘛。
       男：太谢谢你了。你的手艺真好。
       问：男的是什么意思?
   (5) 男：妈妈，我想再看一会儿电视。
       女：一会儿再看吧。先吃饭。
       男：还有十五分钟，比赛就要结束了。
       女：现在都快八点了，那你一边吃一边看吧。
       问：现在可能几点?

2. (1) 我从十岁生日那天开始天天写日记。明天正好是我二十岁的生日。
       ★ 我已经写了十年的日记了。
   (2) 我弟弟离家已经一年多了。他明天就要从中国回来了。妈妈正在准备做一些弟弟喜欢吃的菜。
       ★ 我弟弟住在中国。
   (3) 听说王府井大街很热闹，那儿真是应有尽有，可以在那儿大饱眼福、大饱口福。我去中国一定要去那儿看看。
       ★ 我常去王府井。
   (4) 我有一个朋友，听他说他妈妈手艺非常好。前天他邀请我去他家吃饭，我吃了饭才知道他怎么那么胖。
       ★ 我吃过朋友妈妈做的菜。

연습문제 정답

[听 tīng 듣기]
1. (1) A (2) B (3) C (4) C (5) A
2. (1) O (2) O (3) X (4) O

[阅读 yuèdú 읽기]
1. (1) 咱们(一边)吃(一边)聊吧。
   (2) 每(道)菜都可口好吃。

(3) 她(离)家已经一年了。
(4) 医生让我爸爸(多)吃蔬菜。
(5) 这有什么，(不过)是一顿饭而已。
2. (1) B   (2) E   (3) D   (4) A   (5) C

[写 xiě 쓰기]
1. (1) 伯母做菜做得非常好。
   (2) 老师让我们看那两本书。
   (3) 你别让孩子吃得太饱。
   (4) 他的女儿还不会写汉字。
2. (1) 我打算邀请他来我家吃饭。
   (2) 那个人长得挺帅的。
   (3) 爸爸常一边吃饭一边看电视。
   (4) 别客气，请多吃。
   (5) 去年买的每条牛仔裤都不合适了。

제8과

듣기 원문

1. (1) 男：你和你姐姐谁更高？
      女：我姐姐。
      男：比你高多少？
      女：只比我高一点儿。
      问：女的的姐姐比女的高多少？
   (2) 女：天气预报说什么？
      男：说明天会下大雨。
      女：那你告诉儿子明天一定要带雨伞。
      男：我会的。
      问：女的让男的做什么？
   (3) 男：你爸爸怕不怕你妈妈？
      女：他很怕她。
      男：你呢？
      女：我谁也不怕。
      问：女的在家里怕谁？
   (4) 女：别看电视了，早点儿睡吧。
      男：几点了？
      女：都快十一点了。
      男：我明天下午一点才有课。我想再看一会儿。
      问：男的现在为什么不想睡？

   (5) 男：怎么了？你怕狗吗？
      女：是啊。我特别怕狗。
      男：除了你以外，你家人还有谁怕狗呢？
      女：我家五口人，除了爸爸妈妈都怕狗。
      问：女的家几个人怕狗？
2. (1) 我妈妈每天都做早饭给我们。可是今天我身体有点儿不舒服，还发烧，不想吃东西。所以我没吃早饭就去学校了。
      ★ 我妈妈今天生病了，所以没做早饭。
   (2) 这几天天气不太好，天天下大雨，很闷热。今天天气晴了，让人很开心。
      ★ 昨天下过雨。
   (3) 我弟弟比我高十厘米，我姐姐比我高五厘米。我也没有我妹妹和我妈妈高。
      ★ 家里我的个子最矮。
   (4) 现在是旅游旺季，去哪儿都是人。其中天安门广场和王府井大街上的人最多。这几天最好别去那儿逛街。
      ★ 旅游旺季的时候，天安门广场人不多。

연습문제 정답

[听 tīng 듣기]
1. (1) A   (2) B   (3) C   (4) B   (5) C
2. (1) X   (2) O   (3) O   (4) X

[阅读 yuèdú 읽기]
1. (1) 今天(比)昨天更热。
   (2) 你和你弟弟谁(更)重？
   (3) 他没有我(这么)高。
   (4) 那条狗不(怕)人。
   (5) 你最近(好像)瘦了。
2. (1) C   (2) D   (3) E   (4) B   (5) A

[写 xiě 쓰기]
1. (1) 中国人比韩国人喜欢红色。
   (2) 我觉得汉语没有日语那么容易。/
      我觉得日语没有汉语那么容易。
   (3) 他家里好像没有人。
   (4) 老师提醒学生们明天不能迟到。
2. (1) 他比我高五厘米。
   (2) 他不比我高。

(3) 我家没有你家那么大。
(4) 我怕热。
(5) 现在是旺季，要早点儿订。

제9과

듣기 원문

1. (1) 男：你每天怎么来学校？
    女：坐公共汽车。
    男：从你家到学校远不远？要多长时间？
    女：差不多一个小时左右。坐一个小时的公共汽车挺累的。
    问：女的家离学校怎么样？
  (2) 女：欢迎光临！请随便看看。
    男：小姐，我可以看一下那条裤子吗？
    女：可以。您可以到那边去穿穿。
    男：不用了。我就要这条吧。
    问：男的是什么意思？
  (3) 男：你怎么了？好像有点儿不高兴。
    女：我的手机不见了。
    男：你手里的那个是什么？
    女：啊！我……我……
    问：女的手机在哪儿？
  (4) 女：你怎么不吃呢？
    男：我四点才吃的午饭，不饿。
    女：这些菜怎么办呢？
    男：剩下的我们带回家吧。
    问：男的怎么了？
  (5) 男：你妈妈去银行多长时间了？
    女：有一个小时了。
    男：怎么还不回来呢？
    女：她来电话说马上就要到家了。
    问：妈妈现在最可能在哪儿？

2. (1) 从我家到首尔火车站很近，坐地铁只要五分钟就到了。但是从我家到学校不太近，坐公共汽车要四十五分钟左右。
    ★ 我家离首尔火车站不远。

(2) 小张，我的钥匙不见了。你去我的房间看看有没有钥匙吧。有吗？谢谢你。我可以放心了。
    ★ 我今天丢了钥匙。
(3) 有了动车和高速动车，从北京去上海方便多了。从北京坐动车到上海，九个小时左右就到了。要是坐高速动车，那就更快了，只要坐五个小时，就可以到上海了。
    ★ 现在的生活方便了。
(4) 我家离公共汽车站很近，离地铁站有点儿远。但是因为上班时间路上经常堵车，要是坐公共汽车上班会迟到，所以我平时上班的时候都坐地铁。
    ★ 我家附近没有公共汽车站。

연습문제 정답

[听 tīng 듣기]
1. (1) A (2) C (3) B (4) C (5) B
2. (1) O (2) X (3) O (4) X

[阅读 yuèdú 읽기]
1. (1) 他去中国多长时间(了)？
   (2) 很抱歉，五月一号的票都卖(完)了。
   (3) 这些剩(下)的菜，你们要带回家吗？
   (4) 这是一百块，(找)你四十。
   (5) 我给他们一家人(添)了不少麻烦。
2. (1) E (2) D (3) A (4) C (5) B

[写 xiě 쓰기]
1. (1) 我们只好明天再吃炸鸡。
   (2) 售票员要找我三十块。
   (3) 我给售票员一百块。
   (4) 我问售货员那件衣服多少钱。
2. (1) 特快票都卖完了。
   (2) 剩下的我吃。
   (3) 剩下的只有高速动车。
   (4) 找你五十块钱。
   (5) 我想问老师一个问题。

제10과

듣기 원문
1. (1) 男：我昨天给你打电话，你不在。你去哪儿了？
    女：几点打的？
    男：晚上七点左右。
    女：我最近胖了二十斤。所以这几天吃了晚饭就去运动两三个小时。
    问：女的可能胖了多少公斤？
 (2) 女：你以前学过汉语吗？
    男：没学过。我是从三月开始学的，现在三个月了。
    女：那你怎么汉语学得这么快呢？
    男：因为我对中国感兴趣，也很想了解中国。
    问：男的为什么汉语说得好？
 (3) 男：你不冷吗？你还是别穿这件了。
    女：其实，我也觉得今天很冷。
    男：那你怎么不穿别的呢？
    女：女人就是爱美嘛。
    问：男的最可能是什么意思？
 (4) 女：你明天有课吗？
    男：我跟你一样，下午没有课。
    女：我这儿有两张电影票。
    男：很抱歉，我和朋友已经约好明天去看足球比赛。
    问：男的明天要做什么？
 (5) 男：外滩的夜景，真的很美。
    女：美是美，但是人太多了，我不喜欢。
    男：现在是旅游旺季，你去哪儿都一样。
    女：你说得对。早上去的那个豫园人也特别多。
    问：女的觉得外滩怎么样？
2. (1) 最近天气很好，而且明天又是周末，我和朋友们约好明天坐火车去旅游。可是火车票还没订好，我得先去订票。
    ★ 我已经买了火车票。
 (2) 我妈妈属猪，我也属猪。我妈妈今年四十三岁了。她比我大二十四岁。
    ★ 我今年十八岁。

 (3) 不但张先生爱看篮球比赛，而且他爱人也非常喜欢看。他们要是有时间，都会去看篮球比赛。听说前天也去看了。
    ★ 张先生夫妇是篮球迷。
 (4) 他来中国以前没学过汉语，但是来中国以前就对中国很感兴趣，他对中国的饮食、历史、地理都很感兴趣。
    ★ 他现在就在中国。

연습문제 정답
[听 tīng 듣기]
1. (1) B　(2) A　(3) B　(4) C　(5) B
2. (1) X　(2) X　(3) O　(4) O

[阅读 yuèdú 읽기]
1. (1) 我（ 对 ）中国的一切都感兴趣。
 (2) 因为我妹妹很爱吃巧克力，所以她的身体（ 越来越 ）胖。
 (3) 你的手机（ 跟 ）谁的一样？
 (4) 最近胖了十斤，我（ 得 ）运动了。
 (5) 他不但学习很好，（ 而且 ）也常帮助别人。
2. (1) C　(2) D　(3) E　(4) A　(5) B

[写 xiě 쓰기]
1. (1) 听说上海的夏天很热。
 (2) 我来中国以前就学过汉语。／
    来中国以前我就学过汉语。
 (3) 我对汉语越来越感兴趣了。
 (4) 他们也都跟我一样喜欢学习汉语。／
    他们也跟我一样都喜欢学习汉语。
2. (1) 他们也都跟我一样没去过中国。
 (2) 我来中国以前就对中国历史很感兴趣。
 (3) 如果你对中国感兴趣的话，学习汉语吧。／
    要是你对中国感兴趣的话，学习汉语吧。
 (4) 他的身体越来越好了。
 (5) 我越来越胖了。所以我得运动。

듣기원문 및 연습문제 정답

제11과

듣기 원문

1. (1) 男：你期末考试什么时候结束？
      女：明天。明天就是最后一天了。
      男：期末考试考完以后，咱们一起去吃顿饭，怎么样？
      女：太好了。
      问：明天他们打算去哪儿？

   (2) 女：妈妈的生日后天就要到了。你买礼物了吗？
      男：时间过得真快，今天已经七月十六号了。
      女：要是你还没买的话，咱们一会儿一起去买吧！
      男：好啊。我想去百货商场买一条丝巾。
      问：妈妈的生日是几号？

   (3) 男：孩子呢？
      女：正在睡觉呢。你也快去睡吧。时间不早了。
      男：孩子房间的窗帘拉上了吗？
      女：拉上了。
      问：现在很可能是几点？

   (4) 女：对不起大家，我先走了。你们慢吃。
      男：您再坐一会儿吧。
      女：孩子两点回来。现在已经一点了。
      男：要是现在走，您就吃不上那道菜了。
      问：他们可能在哪儿？

   (5) 男：你姐姐比你大几岁？
      女：两岁，她今年二十四岁了。
      男：个子呢？她比你高吗？
      女：我比她高。
      问：女的今年多大了？

2. (1) 这是小金的护照吗？照片上的人不像他。这是他什么时候照的照片？怎么现在更年轻呢？
      ★ 小金没有护照。

   (2) 我妈妈生病了，最近身体不太好。昨天我陪妈妈去了医院。医生说妈妈可能太累了，再休息两三天就会好的。
      ★ 现在我妈妈身体已经好了。

   (3) 爸爸一九七四年出生，属虎。妈妈一九六九年出生，属鸡。鸡应该怕虎，可是妈妈一点儿也不怕他。
      ★ 爸爸比妈妈大五岁。

   (4) 我对北京的印象很深。因为我到北京来的第一天，在机场就丢了钱包。可是机场的服务员很热情，他们帮我找了钱包。从那天以后，我就爱上了北京。
      ★ 我很喜欢北京。

연습문제 정답

[听 tīng 듣기]

1. (1) C   (2) B   (3) A   (4) C   (5) B
2. (1) X   (2) X   (3) X   (4) O

[阅读 yuèdú 읽기]

1. (1) 母亲节的时候，我买了一(条)丝巾给妈妈。
   (2) 这些作业做不完，今天我就回(不了)家了。
   (3) 你们昨天喝了多少(瓶)酒啊？
   (4) 上个月底，他买了一(辆)汽车。
   (5) 我们一定要坐(上)火车。

2. (1) C   (2) A   (3) D   (4) E   (5) B

[写 xiě 쓰기]

1. (1) 我想给爸爸买一瓶中国酒。
   (2) 今天是在首尔的最后一天。
   (3) 我们差点儿没坐上公共汽车。
   (4) 考试的时候一定要合上书。

2. (1) 那辆是末班车，一定要坐上。
   (2) 你打算给家人买什么礼物？
   (3) 要是坐不上，就回不了家了。
   (4) 我这个月底回韩国。
   (5) 公共汽车快要出发了。

제12과

A. 1. 我弟弟一边看电视一边吃饭。
   2. 我一边听音乐一边看书。
   3. 他们一边吃饭一边聊天。

B. 1. （请你）多吃蔬菜。
   2. （请你）多喝水。
   3. （请你）多看电影。

C. 1. 每道菜都可口好吃。
   2. 每件衣服都很瘦。
   3. 每张邮票我都想要。

D. 1. 这有什么，不过是一顿饭而已。
   2. 这有什么，不过是一杯茶而已。
   3. 这有什么，不过是一件衬衫而已。

E. 가. 1. 他比我高。
      2. 他比我更高。
      3. 他比我高五厘米。
      4. 他比我高多了。
      5. 他不比我高。
   나. 1. 他没有我重。
      2. 他没有我这么重。
      3. 他有我这么重。
   다. 1. 他跟我一样。
      2. 他的衬衫跟我的衬衫一样。
      3. 他的衬衫跟我的一样。
      4. 他的衬衫跟我的一样是白色。
      5. 他跟我一样喜欢咖啡。

F. 1. 我十二点左右吃午饭。
   2. 我学了一年左右。
   3. 我学了一年左右的汉语。

G. 1. 我只好买了后天的火车票。
   2. 我只好明天出发。
   3. 我只好不去了。

H. 1. 我对中国历史感兴趣。
   2. 我对他感兴趣。
   3. 我对他不感兴趣。
   4. 我对他很感兴趣。

I. 1. 我来中国以前就学汉语了。
   2. 我来中国以前就对上海感兴趣。
   3. 我学汉语以前就会写汉字。

J. 1. 她姐姐不但会说英语，而且会说汉语。
   2. 那个人不但对北京感兴趣，而且对上海也感兴趣。
   3. 不但她姐姐会说汉语，而且她也会说汉语。

K. 1. 如果你喜欢这道菜的话，我就给你做。/
      要是你喜欢这道菜的话，我就给你做。
   2. 如果明天下雨的话，我就不去了。/
      要是明天下雨的话，我就不去了。
   3. 如果你喜欢这件衬衫的话，我就给你买一件。/ 要是你喜欢这件衬衫的话，我就给你买一件。

L. 1. 天气越来越冷了。
   2. 人越来越多了。
   3. 颜色越来越深了。

M. 가. 1. 他说汉语说得很好。/ 他汉语说得很好。
      2. 他写汉字写得很快。/ 他汉字写得很快。
      3. 他长得很帅。
      4. 妈妈做菜做得很好。/ 妈妈菜做得很好。
      5. 他跑得很慢。
   나. 1. 我吃完饭了。
      2. 我看完书了。
      3. 票卖完了。
      4. 我上完课了。
   다. 1. 她回北京去了。
      2. 老师进教室去了。
      3. 他上三楼去了。
   라. 1. 你一个星期看得完这本书吗？
      2. 公共汽车里人太多了，坐不上。
      3. 这个东西太大了，进不去。

본문해석

제1과 방은 예약 하셨습니까?

(1) 경민은 방학을 맞이하여 중국과 중국어를 직접 체험해 보려는 목적을 가지고 베이징에 왔다. 우선 숙소부터 정해야겠다는 생각에 베이징역 근처의 조그만 호텔에 들어선다.

종업원: 어서 오세요! 방은 예약 하셨습니까?
김경민: 예약하지 않았는데, 빈 방이 아직 남아 있습니까?
종업원: 한 번 살펴보겠습니다. 1인실을 원하십니까 아니면 2인실을 원하십니까?
김경민: 1인실이요.
종업원: 있습니다. 며칠 묵으실 겁니까?
김경민: 3일 묵을 겁니다. 여기 제 여권입니다.
종업원: 숙박계 좀 기입해 주세요.
김경민: 이렇게 채워 넣으면 됩니까?
종업원: 네. 손님의 방은 5107호입니다. 열쇠 여기 있습니다.
김경민: 감사합니다.

(2) 일기
날짜: 7월 1일 월요일, 날씨: 맑음
오늘 오후 두 시에 나는 베이징에 도착했다. 베이징수도공항에서 리무진버스를 타고 베이징기차역으로 향했다. 그리고 베이징기차역 근처에서 호텔을 한 곳 발견했다. 이 호텔에 마침 빈 방이 있어서 나는 여기에서 며칠 묵을 작정이다.

제2과 제가 당장 당신이 있는 곳으로 가겠습니다.

(1) 베이징에 도착한 지 나흘째로 접어든 아침, 경민은 방학이 되면 베이징의 고향집에 쭉 있을 예정이라고 말하던 리리에게 연락해 보기로 한다.

김경민: 여보세요. 저는 김경민이라고 합니다. 왕리리의 친구입니다. 실례합니다만, 왕리리 있습니까?
리리 엄마: 리리는 화장실에 있는데요. 잠시 뒤에 다시 걸어주세요.
(리리의 집, 10분 뒤에 다시 전화벨이 울린다)
리리 엄마: 리리, 또 전화 왔다. 네가 가서 받아라.
왕리리: 여보세요. 왕리리입니다.
김경민: 안녕하세요. 저 김경민입니다. 오랜만이에요.
왕리리: 어머나, 오랜만이에요! 베이징에 왔어요?
김경민: 네. 그그저께에 왔어요.
왕리리: 그런데 왜 오늘에서야 저에게 전화했어요?
김경민: 미안해요. 참, 오늘 시간 있어요?
왕리리: 있어요. 제가 당장 경민 씨 있는 곳으로 갈게요.

(2) 일기
날짜: 7월 4일 목요일, 날씨: 구름 많음
오늘 나는 왕리리에게 전화를 두 번 했다. 첫 번째는 그녀의 엄마가 받았다. 그녀의 엄마는 왕리리가 화장실에 있어서 전화를 받을 수 없다고 했다. 조금 있다가 나는 또 그녀에게 전화를 걸었다. 이번에는 왕리리가 받았다. 우리는 오늘 오후에 만나기로 약속을 했다.

제3과 길에 교통사고가 발생했습니다.

(1) 오늘 경민은 베이징 토박이 리리의 안내로 톈안먼광장 주변의 여러 관광지를 구경하기로 하였다.

김경민: 왜 늦었어요?
왕리리: 길에 교통사고가 발생하는 바람에 차가 너무 많이 막혀요.
김경민: 사실 저도 하마터면 지각할 뻔했어요.
왕리리: 자, 보세요. 여기가 바로 톈안먼광장이에요.
김경민: 중국어 선생님에게 듣기로는 마오쩌둥기념당이 여기 있다고 하던데.
왕리리: 광장의 중앙이 바로 마오쩌둥기념당이에요.
김경민: 남쪽은 뭐예요?
왕리리: 남쪽은 쳰먼이에요.
김경민: 쳰먼이라고요? 쳰먼이 톈안먼광장에서 아주 가깝군요.
왕리리: 쳰먼을 알아요?
김경민: 수업 시간에 선생님이 우리에게 쳰먼을 소개해 준 적이 있거든요.
왕리리: 쳰먼 거리에는 상점들도 많고, 아주 번화하답니다.
김경민: 저 한번 구경하러 가고 싶어요. 우리 지금 당장 가죠!

(2) 일기

날짜: 7월 5일 금요일, 날씨: 구름 많다가 갬

오늘 왕리리와 나는 톈안먼광장에 갔다. 톈안먼광장의 동쪽에는 중국혁명박물관과 중국역사박물관이 있고, 서쪽에는 인민대회당이 있다. 남쪽에는 첸먼이 있고, 북쪽에 바로 톈안먼이 있다. 인민영웅기념비와 마오쩌둥기념당은 광장의 중앙에 있다.

제4과 맛있기는 맛있지만, 약간 느끼한데요.

(1) 평소 경민이 맛있는 베이징카오야를 먹고 싶어 한다는 것을 알고 있었기 때문에, 리리는 그를 카오야 요리로 유명한 취안쥐더 레스토랑에 데리고 왔다.

종업원: 메뉴판 여기 있습니다. 무엇을 주문하시겠습니까?
왕리리: 제가 고를게요. 카오야 한 마리와 콜라 두 캔 주세요.
종업원: 다른 것도 더 하시겠습니까?
왕리리: 아니요. 이것들만 할게요.
종업원: 잠시만 기다려 주세요.

(주문한 음식을 먹으면서 리리는 중국의 유명한 레스토랑에 대해 묻는 경민에게 친절하게 대답한다.)

왕리리: 한번 맛보세요. 맛이 어때요?
김경민: 맛있기는 맛있지만, 약간 느끼한데요.
왕리리: 첸먼의 이 가게는 1864년에 개업했어요. 백년이 넘는 역사를 자랑하지요.
김경민: 취안쥐더 말고도 또 어떤 역사가 오래된 맛집들이 있나요?
왕리리: 거우부리만두점도 굉장히 유명해요. 우리 카오야 먹고 바로 가도록 하죠.
김경민: 제 생각에는 우리 다른 날 가는 편이 좋을 거 같아요. 저는 지금 이미 (배가 꽉 차서) 더 이상 먹을 수가 없거든요.

(2) 일기

날짜: 7월 6일 토요일, 날씨: 흐림

오늘 나와 왕리리는 첸먼에 있는 취안쥐더 카오야 전문점에 가서 카오야를 먹었다. 나는 카오야를 처음 먹어서 어떻게 먹는지를 몰랐다. 리리가 나에게 카오야 먹는 법을 가르쳐주었다. 카오야는 맛이 참 좋았는데, 껍질도 굉장히 바삭했다. 다만 약간 느끼하기는 했다.

제5과 제가 좀 볼게요.

(1) 경민이 베이징에 온 지도 벌써 일주일, 무더운 날씨에 베이징을 돌아다니느라 빨래할 틈조차 없었다. 그래서 오늘은 리리의 안내로 백화점에 가서 당장 입을 옷을 좀 사기로 하였다.

김경민: 저 중국의 백화점을 한번 구경해 보고 싶은데요.
왕리리: 제가 함께 가 드릴게요.

(두 사람이 백화점의 의류 매장으로 들어선다.)

판매원: 어서 오세요! 들어오셔서 마음대로 구경해 보세요.
김경민: 셔츠와 청바지를 한 벌씩 사려고 하는데요.
판매원: 우선 이 셔츠를 한 번 입어 보세요. 이런 디자인이 무척 인기가 있어요.
김경민: 약간 끼는데요. 좀 헐렁한 걸로 입어보고 싶어요.
왕리리: 제가 좀 볼게요. 이게 크지도 작지도 않고, 딱 좋은데요.
판매원: 선생님, 이번엔 이 청바지 한번 보시죠.
김경민: 색깔이 너무 진해요. 좀 연한 색(의 청바지)은 없나요?
판매원: 죄송합니다. 저희 가게에 연한 색(의 청바지)은 없습니다.
김경민: 그럼, 전 이 셔츠만 사겠습니다. 얼마예요?
판매원: 250위안입니다.
왕리리: 너무 비싸요. 좀 싸게 해 주실 수 없나요?
판매원: 죄송합니다. 저희 가게는 정찰제입니다.

(2) 일기

날짜: 7월 7일 일요일, 날씨: 가랑비

오늘 나는 백화점에 가서 흰색 셔츠를 한 장 샀다. 내가 판매원에게 얼마냐고 묻자, 판매원은 "250위안"이라고 했다. 왕리리가 값이 좀 비싸다고 생각해서 판매원에게 좀 더 싸게 해 줄 수 없느냐고 묻자, 판매원은 "죄송합니다, 저희 가게는 정찰제입니다."라고 말했다. 하는 수 없이 나는 계산대로 가서 옷값을 지불했다.

제6과 전반부 총복습

나는 7월 1일 오후 두 시에 베이징수도공항에 도착했다. 공항에서 리무진버스를 타고 베이징기차역까지 갔다. 역 근처에서 호텔 한 곳을 찾아가 3일 동안 머물렀다. 나는 7월 4일에야 비로소 왕리리에게 전화를 걸었다. 왕리리는 여러 곳으로 나를 데리고 다녔다. 그 중에서도 가장 인상 깊은 곳은 왕푸징 거리였다. 그곳은 베이징에서 제일 유명한 상업지구로, 없는 것이 없을 정도이다. 그곳에서라면 실컷 보고 실컷 먹을 수 있다. 나는 또 중국의 백화점에 가서 셔츠도 한 벌 샀는데, 요즘 상당히 유행하는 스타일이라고 한다. 나는 그 셔츠가 무척 마음에 들었지만, 왕리리는 셔츠의 값이 좀 비싸다고 생각했다.

제7과 우리 먹으면서 이야기합시다.

(1) 경민은 오늘 리리의 집에 초대를 받았다. 리리의 집은 중국의 평범한 가정이지만, 중국의 가정집을 처음 방문하는 경민은 무척 긴장한 상태이다.

김경민: 집으로 식사 초대해 주셔서 아저씨, 아주머니께 감사드립니다.
리리 아빠: 중국어를 참 잘하는군요. 생긴 것도 멋있고.
김경민: 과찬이십니다.
리리 엄마: 배고프지요? 우리 먹으면서 이야기합시다.
리리 아빠: 사양하지 말고, 많이 좀 먹어요.
김경민: 그렇게 하겠습니다.
(요리를 배불리 먹은 다음)
김경민: 아주머니, 음식 솜씨가 참 좋으세요! 요리 하나하나가 다 입에 맞고 맛있어요.
왕리리: 그래서 제가 돌아온 이후에 살이 5킬로그램이나 쪘어요. 옷이 다 맞지 않게 될 지경이라니까요.
리리 엄마: 어머나, 리리가 집 떠난 지 1년 되더니, 부모에게 살갑게 대할 줄도 알게 됐네.
김경민: 제가 오늘 리리 부모님을 너무 귀찮게 해드려서, 정말 송구스럽습니다.
리리엄마: 이게 뭐라고, 그냥 식사 한 끼 대접한 것뿐인데요 뭘.

(2) 일기
날짜: 7월 10일 수요일, 날씨: 흐렸다 갬
오늘 나는 왕리리 집에 손님으로 초대되어 갔다. 리리네 가족들은 모두 친절했다. 아주머니의 음식 솜씨가 무척 좋아서 요리를 정말 맛있게 만드셨다. 나는 밥을 두 공기나 먹었다. 그래서 배가 엄청 불렀다.

제8과 올 여름은 작년 여름보다 덥습니다.

(1) 베이징의 무더위에 거의 녹초가 된 경민, 베이징이 이렇다면, 사흘 뒤에 여행을 가려고 예정하고 있는 상하이의 날씨가 걱정되기 시작한다.

김경민: 베이징은 원래부터 이렇게 덥나요? 서울보다 더 더운 거 같네요.
왕리리: 올 여름이 작년 여름보다 더워요.
김경민: 참, 저 상하이로 여행을 가고 싶은데, 상하이도 베이징만큼 이렇게 덥나요?
왕리리: 그럼요. 일기예보에 따르면, 상하이의 기온이 베이징보다 몇 도 높다고 해요.
김경민: 큰일 났네! 저는 더위를 많이 타는데, 어떡하죠?
왕리리: 상하이에는 어떻게 갈 예정이에요?
김경민: 기차를 타고 가려고요. 그렇지만 표는 아직 예매하지 않았어요.
왕리리: 왜 아직 예매 안 했어요? 지금은 성수기라서 예매를 빨리 해야 돼요.
김경민: 알겠습니다. 환기시켜줘서 고마워요.

(2) 일기
날짜: 7월 11일 목요일, 날씨: 폭우
요 며칠 베이징은 매일 구름이 잔뜩 끼었다. 나는 베이징이 서울보다 더 덥게 느껴졌다. 일기예보에 따르면 상하이의 기온은 베이징보다 몇 도 더 높다고 한다. 그러나 친구 말로는, 베이징의 여름이 상하이보다 더 후덥지근하다고 한다.

제9과 특급열차표는 다 팔렸습니다.

(1) 상하이행 기차표를 사기 위해 경민은 베이징남역에 왔다. 역 주변에 옹기종기 모여 있는 인파를 잠시 구경하다 역사 안에 있는 매표소 쪽으로 발걸음을 돌린다.

김경민: 모레 상하이로 가는 기차표 있나요?
매표원: 어떤 표를 원하세요?
김경민: 에어컨이 되는 특급열차표를 원합니다만.
매표원: 미안합니다. 특급열차표는 다 팔렸습니다. 남은 건 둥처(일반 고속열차) 하고 고속 둥처(직통 고속열차)밖에 없습니다.
김경민: 둥처(일반 고속열차)를 타면 상하이까지 얼마나 걸리나요?
매표원: 9시간 정도 걸립니다. 지금 아침 8시 22분에 출발해서, 오후 4시 55분에 도착하는 표가 있습니다만.
김경민: 한 장에 얼마예요?
매표원: 2등석은 408위안입니다.
김경민: 두 장 주세요. 여기 900위안 있습니다.
매표원: 네. 84위안 거슬러 드리겠습니다.

(2) 일기
날짜: 7월 12일 금요일, 날씨: 가랑비 후 갬
오늘 나는 기차역에 상하이행 기차표 두 장을 사러 갔다. 나는 처음에는 특급열차표를 사려고 했으나, 특급열차표는 다 팔리고 없어서, 하는 수 없이 둥처(일반 고속열차) 표를 구입했다. 둥처(일반 고속열차)를 타면 상하이까지 9시간 정도 걸리는데, 만약 고속 둥처(직통 고속열차)를 탄다면, 5시간 안에 도착한다.

제10과 저는 당신과 같습니다.

(1) 경민과 리리는 드디어 상하이에 도착하였다. 리리가 중국사람이기는 하지만 고향이 베이징이라서 상하이가 초행인 것은 경민과 마찬가지다. 그래서 상하이 출신의 친구 징징에게 미리 연락하여 안내를 부탁해 두었다.

김경민: 리리 씨는 상하이에 몇 번 와본 적이 있나요?
왕리리: 저는 경민 씨와 같아요. 예전에 와본 적이 없어요. 이번이 처음이에요.
리징징: 여러분 상하이에 왔으면 반드시 둥팡밍주에 한 번 가 봐야 해요.
김경민: 저는 와이탄에도 한 번 가보고 싶어요.
왕리리: 와이탄의 야경이 아주 아름답다고 하던데, 저도 정말 가보고 싶어요.
리징징: 경민 씨는 중국의 어느 도시에 대해 관심이 있으세요?
김경민: 저는 중국에 오기 전부터 상하이에 관심이 많았어요.
리징징: 왜요?
김경민: 상하이는 중국 최대의 상공업 도시일 뿐만 아니라, 대한민국임시정부의 소재지이기도 하기 때문이지요.
리징징: 참, 만약에 경민 씨가 중국 전통문화에 관심이 있다면 위위안에 꼭 한번 가 봐야 해요.
김경민: 반드시 가 봐야 할 곳이 점점 더 늘어나는군요.

(2) 일기
날짜: 7월 14일 일요일, 날씨: 맑음
왕리리는 나와 마찬가지로, 예전에 상하이에 와본 적이 없었다. 왕리리 역시 처음으로 상하이에 온 것이다. 대한민국임시정부의 옛터가 상하이에 있기 때문에 나는 중국에 오기 전부터 상하이에 관심이 많았다. 리징징이 우리에게 상하이에 오면 반드시 둥팡밍주, 와이탄, 위위안에 한 번 가봐야 한다고 알려주었다.

제11과 만약에 타지 못하면 집으로 돌아갈 수 없습니다.

(1) 상하이에서의 마지막 날. 경민, 리리, 징징 세 사람은 와이탄에서 푸둥의 야경을 구경하다가 자정이 가까워서야 아쉬움을 뒤로 한 채 호텔로 향한다.

왕리리: 버스가 곧 출발할 거 같아요. 빨리 뛰어요.
리징징: 저 버스가 막차예요. 반드시 올라타야 해요.
왕리리: 만약에 타지 못하면 집으로 돌아갈 수 없을 거예요.
(간신히 버스에 올라탄 세 사람은 운 좋게도 뒤쪽의 빈 좌석을 발견하고 그쪽으로 가서 앉는다.)
왕리리: 시간 참 빨리 지나가네요. 우리 이제 곧 베이징으로 돌아가야 해요.

김경민: 그러게요. 3일이 정말 빨리 지나갔어요. 우리 상하이에 와서 여한 없이 놀았네요.
리징징: 경민 씨는 언제 한국으로 돌아가나요?
김경민: 글피에요. 내일 베이징에 도착한 후에, 저는 또 가족들에게 줄 선물들을 사러 가야 해요.
왕리리: 무슨 선물을 살 예정이에요?
김경민: 아빠에게는 중국술을 한 병, 엄마에게는 실크 스카프를 한 개 사다 드리려고 해요.
리징징: 리리, 너는? 언제 한국에 가니?
왕리리: 이달 말에.

(2) 일기
날짜: 7월 16일 화요일, 날씨: 맑았다 흐림
3일이라는 시간은 아주 짧다. 오늘은 상하이에서의 마지막 날이다. 나와 왕리리는 내일이면 이제 베이징으로 돌아가야 한다. 나는 베이징에 도착하면 또 가족들에게 줄 선물들을 사러 가야 한다. 나는 아빠에게는 중국술을 한 병, 엄마에게는 실크 스카프를 한 개 사다 드리려고 한다.

제12과 후반부 총복습

나는 중국에 오기 전부터 상하이라는 도시에 대해서 관심이 많았다. 왜냐하면 상하이는 중국의 최대 상공업 도시일 뿐만 아니라 대한민국임시정부 유적의 소재지이기도 하기 때문이다. 왕리리에게는 상하이에 친구가 한 명 있는데, 이름은 리징징이다. 그녀도 왕리리와 마찬가지로, 무척 친절했다. 그녀는 우리가 상하이로 놀러 가는 것을 무척 반겼고, 또한 기꺼이 우리들의 가이드가 되어주겠다고도 했다. 상하이의 와이탄, 위위안, 난징루, 둥팡밍주는 모두 유명한 관광지이다. 여러분들도 상하이에 올 기회가 있다면, 그곳들을 한 번 가보라고 추천한다. 우리들은 베이징에서 상하이로 갈 때는 기차를 타고 갔지만, 상하이에서 베이징으로 돌아올 때는 비행기를 탔다. 상하이에는 공항이 두 곳 있는데, 하나는 푸둥공항이고, 하나는 훙차오 공항이다. 우리는 훙차오공항에서 비행기를 탔다. 중국의 국내선은 모두 훙차오공항에서 출발한다.

병음색인

A

āiyā 哎呀　놀라움, 기쁨, 괴로움, 고통 등을
　　　　　나타내는 감탄사　　　　　　　30
āiyō 哎哟　(괴로움, 놀라움 등을 느꼈을 때 내는
　　　　　소리) 아이고, 어이쿠, 어머나　102
ǎi 矮　(키가) 작다　　　　　　　　　　123
ài 爱　사랑하다　　　　　　　　　　　　59
àiren 爱人　배우자　　　　　　　　　　155

B

báisè 白色　흰색　　　　　　　　　　　79
bǎi 百　백, 100　　　　　　　　　　　　62
bǎihuò shāngchǎng 百货商场　백화점　77
bànnián 半年　반년　　　　　　　　　　66
bǎo 饱　배(가) 부르다　　　　　　　　103
bǎozhòng 保重　몸조심하다, 건강에 주의하다　99
bàofā 爆发　갑자기 발생하다, 느닷없이 일어나다　43
bàoqiàn 抱歉　미안하다, 죄송하다　　　78
bàozhǐ 报纸　신문, 신문지　　　　　　104
bēi 杯　컵에 담긴 음료를 세는 양사. 잔, 컵　65
běibian 北边　북쪽　　　　　　　　　　48
Běijīng Dàxué 北京大学　베이징대학　162
Běijīng huǒchēzhàn 北京火车站
　　　　　베이징기차역　　　　　　　　17
Běijīng Shǒudū Jīchǎng 北京首都机场
　　　　　베이징수도공항　　　　　　　17
běn 本　책을 세는 양사. 권　　　　　　64
běnlái 本来　본래, 원래　　　　　　　136
bǐ 比　……에 비하여, ……보다　　　　118
bǐjiào 比较　비교적; 비교하다　　　　　62
bì 闭　닫다　　　　　　　　　　　　　168
biàn 遍　어떤 동작이 처음부터 끝까지 행해지는
　　　전과정을 하나의 단위로 세는 동량사. 번, 회　27
bié 别　……하지 마라　　　　　　　　101
bīnguǎn 宾馆　호텔　　　　　　　　　　17
bófù 伯父　백부, 큰아버지; 아저씨　　　101
bómǔ 伯母　백모, 큰어머니; 아주머니　101

bówùguǎn 博物馆　박물관　　　　　　98
búdàn 不但　……뿐만 아니라　　　　　151
búguò 不过　그저 ……에 지나지 않다　102
bújiàn 不见　만나지 않다　　　　　　　29
búyòng 不用　필요 없다　　　　　　　139
bù hǎoyìsi 不好意思　부끄럽다, 쑥스럽다,
　　　　　미안하다　　　　　　　　　102
bǔchōng 补充　보충하다　　　　　　　100

C

cái 才　겨우, 비로소　　　　　　　　　30
càidān 菜单　차림표, 메뉴　　　　　　　61
cānguān 参观　참관하다　　　　　　　　98
cāntīng 餐厅　레스토랑　　　　　　　　44
chá 查　조사하다, 찾다　　　　　　　　15
chàdiǎnr 差点儿　하마터면……할 뻔 하다　46
cháng 长　길다　　　　　　　　　　　134
cháng 尝　맛보다　　　　　　　　　　　61
chàng//gē 唱歌　노래를 하다　　　　　98
Cháoxiān Zhànzhēng 朝鲜战争
　　　　　한국전쟁, 6.25 전쟁　43
chǎo//jià 吵架　말다툼하다　　　　　　148
chènshān 衬衫　셔츠, 와이셔츠　　　　77
chéngjì 成绩　성적　　　　　　　　　147
chéngshì 城市　도시　　　　　　　　150
chī bu xià 吃不下　(더 이상) 먹을 수 없다　62
chīfǎ 吃法　먹는 법　　　　　　　　　63
chídào 迟到　지각하다　　　　　　　　46
chū//chāi 出差　출장을 가다　　　　　44
chūfā 出发　출발하다　　　　　　　　165
chūshēng 出生　태어나다, 출생하다　　64
chūzūchē 出租车　택시　　　　　　　　19
chúle…… 除了……　……을/를 제외하고　62
chuān 穿　입다　　　　　　　　　　　77
chuántǒng 传统　전통　　　　　　　　151
chuānghu 窗户　창문, 창　　　　　　　162

chuānglián 窗帘 커튼	168	dòngchē 动车 중국의 고속열차	134
cídiǎn 词典 사전	28	dú 读 읽다, 공부하다, (학교에) 다니다	157
cōngming 聪明 똑똑하다	58	dǔ//chē 堵车 차가 막히다	46
cuì 脆 바삭바삭하다	63	dù 度 온도의 단위. 도	118
		duì 对 ……에 대하여	150
		dùn 顿 끼니를 세는 양사. 끼	102

D

dǎ 打 (전화를) 걸다	29	duō 多 여, 남짓	62
dà 大 (나이가) 많다	115	duō 多 많이	101
dàbā 大巴 리무진버스	17	duō 多 얼마나	134
dàbǎo kǒufú 大饱口福 먹는 즐거움을 만끽하다	89	duō cháng 多长 길이가 얼마입니까, 얼마나 깁니까	134
dàbǎo yǎnfú 大饱眼福 보는 즐거움을 만끽하다	89	duōyún 多云 (날씨가) 조금 흐리다, 구름이 많다	31
Dàhánmínguó Línshí Zhèngfǔ 大韩民国临时政府 대한민국임시정부	151		
dàhòutiān 大后天 글피	166	## E	
dàjiē 大街 큰길, 대로, 번화가	47	è 饿 배(가) 고프다	101
dàqiántiān 大前天 그저께의 전날, 그그저께	30	érqiě 而且 게다가	151
dàyǔ 大雨 큰비, 호우	120	éryǐ 而已 ……일뿐	102
dānrénfáng 单人房 1인실	15	érzi 儿子 아들	121
dàn 淡 (맛이) 담백하다, 싱겁다	76	èr děng 二等 이등	135
dànjì 淡季 비성수기	119		
dǎo 倒 쓰러지다	44	## F	
dǎoyóu 导游 안내하다; 관광 가이드	176	fāshēng 发生 발생하다	46
dào 道 요리 등을 세는 양사	102	Fǎguócài 法国菜 프랑스 요리	146
……dehuà ……的话 (가정절의 끝에 쓰여서) ……하다면, ……이라면	136	Fǎyǔ 法语 프랑스어	12
děi 得 ……해야 한다	151	fāngbiàn 方便 편리하다	139
dǐ 底 바닥, 끝, 말(末)	166	fángjiān 房间 방	15
dìfang 地方 곳, 장소	151	fángmén 房门 방문	162
dìlǐ 地理 지리	155	fàng 放 놓아두다	65
dìqiú 地球 지구	60	fàng//xīn 放心 안심하다	139
dì yī cì 第一次 최초, 처음, 첫 번째	31	féi 肥 살지다; (옷 등이) 크다, 헐렁하다	77
diǎn 点 주문하다	61	fūfù 夫妇 부부	155
diàn 店 가게	63	fúwùyuán 服务员 종업원	15
diàntī 电梯 엘리베이터	171	Fǔshān 釜山 부산	141
dìng 订 예약하다	119	fù 付 지불하다	79
dōngbian 东边 동쪽	48	fùmǔ 父母 부모	102
Dōngfāng Míngzhū 东方明珠 둥팡밍주	150		

G

gǎitiān 改天	다른 날, 다음 기회	62
gǎn 赶	(뒤)쫓다, 서두르다	162
gǎn xìngqù 感兴趣	흥미가 있다, 관심이 있다	150
gāo 高	높다	118
gāosù 高速	고속(의), 고속이다	134
gàosu 告诉	……에게 ……을/를 알리다	63
gèzi 个子	키	123
gēn 跟	……와/과	150
gèng 更	더욱	118
gōnggòng qìchē 公共汽车	버스	165
gōngjīn 公斤	킬로그램(kg)	155
gōngshāngyè 工商业	상공업	151
gòngxiàn 贡献	공헌하다, 기여하다	42
Gǒubùlǐ bāozi 狗不理包子	거우부리만두점	62
guān 关	(문, 창 등을) 닫다, (스위치 등을) 끄다	162
guānxīn 关心	관심(을 가지다)	147
guānglín 光临	왕림하시다	15
guàng 逛	한가롭게 거닐다, 구경하다	47
guàng//jiē 逛街	거리 구경을 하다	47
guì 贵	비싸다	78
guójiā 国家	국가, 나라	65
guónèi 国内	국내(의)	177
guò 过	지나다, 경과하다	165
guòjiǎng 过奖	과찬이십니다, 지나친 칭찬입니다	101
guò//qī 过期	기한이 지나다	138
guòqù 过去	지나가다	165
guò//yǐn 过瘾	(취미, 흥미, 소일거리 등을) 실컷 하다, 만족할 정도로 하다	165

H

háishi 还是	……하는 편이 좋다	62
háishi 还是	그래도, 여전히	156
háizi 孩子	아이, 어린이	45
háizimen 孩子们	아이들, 어린이들	98
hánjià 寒假	겨울방학	169
Hànzì 汉字	한자	80
hángbān 航班	(선박이나 비행기의) 운항편, 취항순서	177
hǎojiǔ 好久	(시간이) 오래다	29
hǎojiǔ bújiàn 好久不见	오래간만이다	29
hǎoxiàng 好像	마치 ……와/과 같다	118
hé 合	닫다, 합치다	162
héshì 合适	알맞다, 적절하다	78
hēi 黑	캄캄하다, 어둡다	45
Hóngqiáo Jīchǎng 虹桥机场	훙차오공항	177
hòutiān 后天	모레	134
hùzhào 护照	여권	15
huānyíng 欢迎	환영; 환영하다	15
huānyíng guānglín 欢迎光临	어서 오세요	15
huí bu liǎo 回不了	돌아갈 수 없다	165
huǒchē 火车	기차	17

J

jīchǎng 机场	공항	17
jīhuì 机会	기회	177
jì 记	기억하다, 외우다, 적다, 기록하다	130
jìjié 季节	계절	82
jiàgé 价格	가격, 값	58
jiàn 件	옷(특히 윗옷)을 세는 양사. 벌, 장	77
jiànkāng 健康	건강하다	58
jiǎng//jià 讲价	가격을 흥정하다	78
jiāotōng 交通	교통	46
jiāotōng shìgù 交通事故	교통사고	46
jiào 叫	부르다	130
jiàoshì 教室	교실	12
jiē 接	받다	29
jīngcháng 经常	종종, 자주	124
jīngjì 经济	경제	153
jǐngdiǎn 景点	명소	176
jiǔ 酒	술	166
jiùshì 就是	다만(오직) ……뿐	62

jiùzhǐ 旧址　옛터　152
jù 句　문장 혹은 시(詩)의 구절을 세는 양사　12

K

kāi 开　(차량이나 기계 등을) 운전하다, 조종하다　135
kāi//chē 开车　운전하다　135
kāi//huì 开会　회의하다, 회의를 개최하다　27
kāi//yè 开业　개업하다　62
kàn//bào 看报　신문을 읽다　98
kěkǒu 可口　맛있다, 입에 맞다　102
kělè 可乐　콜라　61
kèběn 课本　교과서　162
kèwén 课文　본문　75
kèqi 客气　예의를 차리다, 정중하다, 사양하다　101
kèrén 客人　손님　75
kěndìng 肯定　틀림없이 ……할 것이다　133
kōng 空　비다　15
kōngtiáo 空调　에어컨　134
kòng(r) 空(儿)　틈, 짬, 겨를　30
kǔ 苦　쓰다　138
kùzi 裤子　바지　76
kuài……le 快……了　곧 ……할 것이다　102
kuǎnshì 款式　스타일　77

L

lā 拉　당기다　168
lái 来　다른 동사를 대신하여 쓰이는 대동사　61
lěng 冷　춥다, 차갑다　118
lí 离　떠나다, 헤어지다　102
límǐ 厘米　센티미터(cm)　123
Lǐ Jīngjing 李晶晶　리징징. 상하이 출신의 중국 여학생　150
lǐwù 礼物　선물　166
liàng 辆　자동차를 세는 양사. 대　165
liáo 聊　한담하다, 잡담을 나누다　101

línshí 临时　임시　151
liú 留　남기다　132
liúlì 流利　유창하다　148
lóu 楼　(이층 이상의) 건물　116
lóu 楼　층　124
lóushang 楼上　2층 이상의 층, 위층　132
lù 路　길　46
lù 录　녹음(녹화)하다　168

M

máfan 麻烦　번거롭다 ; 번거로움　102
mǎdàhā 马大哈　덜렁이, 멍청이　34
mǎhu 马虎　덤벙대다, 대충대충하다　58
mǎshàng 马上　곧, 금방　30
mà 骂　욕하다, 혼내다　45
ma 嘛　뚜렷한 사실을 강조할 때 쓰는 어기조사　47
mài 卖　팔다　134
mài wán 卖完　다 팔리다　134
mǎn 满　가득 차다　65
màn 慢　(속도가) 느리다　140
Máo Zhǔxí Jìniàntáng 毛主席纪念堂
　마오쩌둥기념당　46
měi 每　매, ……마다　102
měi 美　아름답다　150
měishídiàn 美食店　맛집　62
mēnrè 闷热　무덥다, 후덥지근하다　120
mén 门　문, 도어　99
……mí……迷　……마니아　155
míngnián 明年　내년　32
míngrén 名人　유명인사　66
mòbānchē 末班车　(버스, 지하철 등의) 막차　165
Mǔqīn Jié 母亲节　어머니날(5월 둘째 일요일)　171

N

ná 拿　(손으로) 들다, 집다　12

nàme 那么 저렇게, 그렇게		118
nánbian 南边 남쪽		47
Nánjīnglù 南京路 난징루		176
Nánshān 南山 남산		132
nèiróng 内容 내용		100
nián 年 해, 년		62
niánqīng 年轻 젊다		121
niàn 念 읽다, 공부하다		75
niúnǎi 牛奶 우유		13
niúzǎikù 牛仔裤 청바지		77
nǔlì 努力 열심히 하다; 노력하다		148
nuǎnhuo 暖和 따뜻하다		115

P

pá 爬 오르다, 등산하다	132
pà 怕 두렵다, 두려워하다, ……에 약하다	119
pàng 胖 뚱뚱하다, (살이) 찌다	102
pǎo 跑 뛰다, 달리다	165
péi 陪 모시다, 동반하다	77
pí 皮 껍질	63
piān 篇 문장 등을 세는 양사. 편	98
piào 票 표	119
píng 瓶 병에 담긴 액체를 세는 양사. 병	166
píngguǒ 苹果 사과	114
Pǔdōng Jīchǎng 浦东机场 푸둥공항	177

Q

qí 骑 (말, 자전거 등 다리를 벌려서 타는 교통수단을) 타다	14
qízhōng 其中 그 중(에)	88
qǐ 起 사건, 사고를 세는 양사. 번, 차례	46
qìchē 汽车 자동차	51
qìwēn 气温 기온	118
qiánbāo 钱包 지갑	50
Qiánmén 前门 쳰먼	47

qiǎn 浅 연하다, 얕다	78
qiǎnsè 浅色 연한 색	78
qiáo 瞧 보다, 관찰하다	151
qiǎokèlì 巧克力 초콜릿	156
qíng 晴 (날씨가) 맑다	17
qǐngwèn 请问 실례합니다, 말씀 좀 여쭙겠습니다	29
qǔxiāo 取消 취소하다	136
qùnián 去年 작년	118
Quánjùdé 全聚德 취안쥐더	62
quántóu 拳头 주먹	116
qúnzi 裙子 치마	104

R

ràng 让 ……에게 ……하도록 시키다	78
rè 热 덥다, 뜨겁다	118
rènao 热闹 번화하다, 왁자지껄하다	47
rèqíng 热情 열정적이다, 친절하다	
rénmínbì 人民币 인민폐. 중국의 공식화폐	19
Rénmín Dàhuìtáng 人民大会堂 인민대회당	48
Rénmín Yīngxióng Jìniànbēi 人民英雄纪念碑 인민영웅기념비	48
rēng 扔 버리다, 던지다	132
rìjì 日记 일기	17
Rìyǔ 日语 일어	154
rúguǒ 如果 (가정절의 앞에 쓰여서) 만약	151
rù//xué 入学 입학하다	68

S

shāngkǒu 伤口 상처	42
shāng//xīn 伤心 슬퍼하다, 상심하다	75
shāngdiàn 商店 상점	47
shāngyèqū 商业区 상업지구	88
shàng 上 동사의 동작이 아래에서 위로 향하는 것을 나타내는 단순 방향보어	165
shàng//bān 上班 출근하다	122

shàng//chē 上车 승차하다, 차에 타다	99
Shànghǎi 上海 상하이, 상해	118
shàng//kè 上课 수업하다	47
shāo 稍 약간, 조금	61
shāo děng 稍等 잠시 기다리다	61
shǎo 少 적다	102
shēn 深 짙다, 깊다	78
shēnsè 深色 진한 색	78
shēngcí 生词 새 단어	130
shēnghuó 生活 생활(하다)	139
shēng//qì 生气 화나다, 화내다	27
shēngyīn 声音 소리, 목소리	13
shèng 剩 남다	134
shī 湿 습하다, 축축하다	154
shíhou 时候 때	47
shì 试 시험 삼아 해 보다	77
shìgù 事故 사고	46
shōuyíntái 收银台 계산대	79
shǒu 手 손	29
shǒuyì 手艺 솜씨	102
shǒubānchē 首班车 (버스, 지하철 등의) 첫차	165
shǒudū 首都 수도	17
Shǒu'ěr 首尔 서울	118
shòu 受 받다	77
shòu huānyíng 受欢迎 인기 있다, 환영을 받다	77
shòuhuòyuán 售货员 점원, 판매원	77
shòupiàoyuán 售票员 매표원	134
shòu 瘦 (몸매가) 마르다, 야위다; (옷 등이) 작다, 꼭 끼다	77
shūbāo 书包 책가방	42
shūběn 书本 서적	171
shūfǎ 书法 서예	153
shūcài 蔬菜 채소	107
shuāi 摔 넘어지다	44
shuài 帅 멋지다	101
shuāngrénfáng 双人房 2인실	15
shuǐ 水 물	74
shuǐpíng 水平 수준	162
shuō//huà 说话 말하다	50
sījīn 丝巾 실크 스카프	166
sǐ 死 죽다	43
sòng 送 보내다, 선물하다	166
suí//biàn 随便 마음대로	77
suǒ 所 학교, 병원 등을 세는 양사	66
suǒzàidì 所在地 소재지	151
suǒ 锁 (열쇠로) 잠그다	99

T

tái 台 기계, 장치류를 세는 양사. 대	171
tèbié 特别 특히, 유달리	46
tèkuài 特快 특급열차	134
tíxǐng 提醒 주의를 환기시키다, 일깨우다	119
tǐtiē 体贴 자상하게 돌보다	102
Tiān'ānmén Guǎngchǎng 天安门广场 톈안먼광장	46
Tiānjīn 天津 톈진, 천진	59
tiān 添 보태다, 더하다	102
tián 填 채우다	16
tiáo 条 동물을 세는 양사. 마리	74
tiáo 条 강, 길, 끈, 바지 등 길고 가느다란 것을 세는 양사	77
tiào//wǔ 跳舞 춤을 추다	98
tīng 听 듣다	13
tīng 听 캔에 담긴 음료, 통조림 등을 세는 양사. 캔, 통	61
tíng 停 멈추다, 정지하다	149
tǐng 挺 매우, 꽤	101
tóngyì 同意 동의(하다), 찬성(하다)	133
tòngkuài 痛快 유쾌하다, 즐겁다	58
tóu 头 소나 돼지 등 가축을 세는 양사. 마리	43

W

wàiguórén 外国人 외국인	157
Wàitān 外滩 와이탄	150

wàiyǔ 外语 외국어	65	
wán 完 마치다, 끝나다	134	
wánr 玩儿 놀다	165	
wǎn 晚 (시간적으로) 늦다	119	
wǎnfàn 晚饭 저녁밥, 저녁 식사	75	
wǎn 碗 공기 그릇에 담긴 음식을 세는 양사. 그릇, 공기	103	
Wángfǔjǐng 王府井 왕푸징	88	
wàng 忘 잊다	49	
wàngjì 旺季 성수기	119	
wéirén 为人 (사람의) 됨됨이	58	
wèishénme 为什么 왜	119	
wèidào 味道 맛	61	
wūzi 屋子 방	60	

X

xībian 西边 서쪽	48
xī//yān 吸烟 흡연하다, 담배를 피우다	147
xǐ 洗 씻다	29
xǐshǒujiān 洗手间 화장실	29
xià 下 동사의 동작이 위에서 아래로 향하는 것을 나타내는 단순 방향보어	134
xià//kè 下课 수업을 마치다	28
xiàtiān 夏天 여름	118
xiāoxi 消息 뉴스, 소식	12
xiǎogǒu 小狗 강아지	74
xiǎoshíhòu 小时候 어렸을 때, 어릴 때	146
xiǎoshuō 小说 소설	114
xiǎoxīn 小心 조심하다, 주의하다	50
xiào 笑 웃다	92
xiàochē 校车 스쿨버스	132
xiàomén 校门 교문	132
xìngqù 兴趣 흥미, 재미	150
xiūlǐ 修理 수리하다, 고치다	28
xūyào 需要 필요하다	100
xuéshēnghuì 学生会 학생회	51

Y

yāoqǐng 邀请 초대하다	101
yāoqiú 要求 요구하다	98
yàoshi 要是 만약 ……이라면	136
yàoshi 钥匙 열쇠	16
yèjǐng 夜景 야경	150
yīfu 衣服 옷	102
yíqiè 一切 모두	156
yíyàng 一样 같다	150
yìbiān…… yìbiān…… 一边……一边…… ……하면서 ……하다	101
(yì)jiārén (一)家人 (한 집안) 식구, 가족	103
yǐqián 以前 이전, 예전	150
yǐwài 以外 ……이외에	62
Yìdàlì 意大利 이탈리아	44
yīnyuè 音乐 음악	114
yìnxiàng 印象 인상	88
Yīngwénshū 英文书 영어책	59
yīngyǒu jìnyǒu 应有尽有 있어야 할 것은 빠짐 없이 갖추고 있는, 없는 것이 없다	89
yōujiǔ 悠久 유구하다	62
yóunì 油腻 느끼하다	62
yùdìng 预订 예약; 예약하다	15
Yùyuán 豫园 위위안	151
yuánlái 原来 원래; 알고 보니	118
yuànyì 愿意 희망하다, ……하기를 바라다	176
yuē 约 약속하다	31
yuèdǐ 月底 월말	166
yuèláiyuè 越来越 더욱 더	151

Z

zázhì 杂志 잡지	14
zāogāo 糟糕 큰일나다	119
zǎo 早 (시간적으로) 이르다; 일찍	119
zǎofàn 早饭 아침밥, 아침 식사	28
zěnmebàn 怎么办 어찌하다	119

병음	한자	뜻	페이지
zhǎnlǎn	展览	전람회	98
zhàn	站	역, 정류장	17
zhāng	张	종이 등과 같이 평평한 면을 가진 물건을 세는 양사. 장	135
zhǎng	长	자라다, 생기다	101
zhǎo	找	(돈을) 거슬러주다	135
zhào	照	(사진, 영화를) 찍다	170
zhàopiàn	照片	사진	170
zhème	这么	이렇게	118
zhèyàng	这样	이렇다, 이렇게	16
zhèng	正	마침, 꼭, 딱	78
zhèngfǔ	政府	정부	151
zhī	只	동물을 세는 양사. 마리	61
zhǐhǎo	只好	……하는 수 밖에 없다, 어쩔 수 없이 ……하다	136
Zhōngguó Gémìng Bówùguǎn	中国革命博物馆	중국혁명박물관	48
Zhōngguó Lìshǐ Bówùguǎn	中国历史博物馆	중국역사박물관	48
Zhōngguó Xiàndài Wénxué	中国现代文学	중국 현대 문학	42
Zhōngwénshū	中文书	중국어책	59
zhōngjiān	中间	중간	46
zhǒng	种	사람이나 사물을 세는 양사. 종류	77
zhòng	重	(무게가) 무겁다	121
zhòngyào	重要	중요하다	130
zhù	住	살다, 거주하다	15
zhùsù dēngjìdān	住宿登记单	(호텔 등의) 숙박계, 투숙객 기록부	16
zhùmíng	著名	저명하다	176
zhuǎn	转	바뀌다, 전환하다	48
zhuōzi	桌子	책상, 테이블	65
zìjǐ	自己	자신	51
zìxíngchē	自行车	자전거	14
zuìhòu	最后	마지막, 최후, 가장 끝	167
zuówǎn	昨晚	어제 저녁	34
zuǒyòu	左右	가량, 쯤	135
zuò	座	(산, 건물 등) 고정된 물체를 세는 양사. 채, 동	116
zuò bu shàng	坐不上	탈 수 없다	165
zuò//kè	做客	손님이 되다, (남의 집에 손님이 되어) 방문하다	103

※ 본문에 나오는 단어는 본문 페이지를 기준으로 표시하였다. 그 외의 기타 단어는 처음 출현한 페이지를 기준으로 표시하였다.

단어색인

제1과

服务员 fúwùyuán 종업원
欢迎光临 huānyíng guānglín 어서 오세요
欢迎 huānyíng 환영; 환영하다
光临 guānglín 왕림하시다
预订 yùdìng 예약; 예약하다
房间 fángjiān 방
空 kōng 비다
查 chá 조사하다, 찾다
单人房 dānrénfáng 1인실
双人房 shuāngrénfáng 2인실
住 zhù 살다, 거주하다
护照 hùzhào 여권
填 tián 채우다
住宿登记单 zhùsù dēngjìdān (호텔 등의) 숙박계, 투숙객 기록부
这样 zhèyàng 이렇다, 이렇게
钥匙 yàoshi 열쇠
日记 rìjì 일기
晴 qíng (날씨가) 맑다
大巴 dàbā 리무진버스
宾馆 bīnguǎn 호텔
北京首都机场 Běijīng Shǒudū Jīchǎng 베이징수도공항
首都 shǒudū 수도
机场 jīchǎng 공항
北京火车站 Běijīng Huǒchē Zhàn 베이징기차역
火车 huǒchē 기차
站 zhàn 역, 정류장

제2과

请问 qǐngwèn 실례합니다, 말씀 좀 여쭙겠습니다
洗手间 xǐshǒujiān 화장실
洗 xǐ 씻다
手 shǒu 손
打 dǎ (전화를) 걸다
接 jiē 받다
好久不见 hǎojiǔ bújiàn 오래간만이다
好久 hǎojiǔ (시간이) 오래다
不见 bújiàn 만나지 않다

哎呀 āiyā 놀라움, 기쁨, 괴로움, 고통 등을 나타내는 감탄사
大前天 dàqiántiān 그저께의 전날, 그그저께
才 cái 겨우, 비로소
空(儿) kòng(r) 틈, 짬, 겨를
马上 mǎshàng 곧, 금방
多云 duōyún (날씨가) 조금 흐리다, 구름이 많다
第一次 dì yī cì 최초, 처음, 첫 번째
约 yuē 약속하다

제3과

迟到 chídào 지각하다
路 lù 길
发生 fāshēng 발생하다
起 qǐ 사건, 사고를 세는 양사. 번, 차례
交通事故 jiāotōng shìgù 교통사고
交通 jiāotōng 교통
事故 shìgù 사고
特别 tèbié 특히, 유달리
堵车 dǔ//chē 차가 막히다
差点儿 chàdiǎnr 하마터면……할 뻔 하다
中间 zhōngjiān 중간
南边 nánbian 남쪽
嘛 ma 뚜렷한 사실을 강조할 때 쓰는 어기조사
上课 shàng//kè 수업하다
时候 shíhou 때
大街 dàjiē 큰길, 대로, 번화가
商店 shāngdiàn 상점
热闹 rènao 번화하다, 왁자지껄하다
逛 guàng 한가롭게 거닐다, 구경하다
逛街 guàng//jiē 거리 구경을 하다
转 zhuǎn 바뀌다, 전환하다
东边 dōngbian 동쪽
西边 xībian 서쪽
北边 běibian 북쪽
天安门广场 Tiān'ānmén Guǎngchǎng 톈안먼광장
毛主席纪念堂 Máo Zhǔxí Jìniàntáng 마오쩌둥기념당
前门 Qiánmén 첸먼. 명청대 베이징 내성(內城)의 정문으로 쓰였던 정양문(正陽門)의 속칭

中国革命博物馆
Zhōngguó Gémìng Bówùguǎn 중국혁명박물관
中国历史博物馆 Zhōngguó Lìshǐ Bówùguǎn
중국역사박물관
人民大会堂 Rénmín Dàhuìtáng 인민대회당
人民英雄纪念碑 Rénmín Yīngxióng Jìniànbēi
인민영웅기념비

제4과

菜单 càidān 차림표, 메뉴
来 lái 다른 동사를 대신하여 쓰이는 대동사
点 diǎn 주문하다
只 zhī 동물을 세는 양사. 마리
听 tīng 캔에 담긴 음료, 통조림 등을 세는 양사. 캔, 통
可乐 kělè 콜라
稍 shāo 약간, 조금
稍等 shāo děng 잠시 기다리다
尝 cháng 맛보다
味道 wèidào 맛
就是 jiùshì 다만(오직) ……뿐
油腻 yóunì 느끼하다
年 nián 해, 년
开业 kāi//yè 개업하다
百 bǎi 백, 100
多 duō 여, 남짓
除了…… chúle…… ……을/를 제외하고
以外 yǐwài ……이외에
悠久 yōujiǔ 유구하다
美食店 měishídiàn 맛집
还是 háishi ……하는 편이 좋다
改天 gǎitiān 다른 날, 다음 기회
比较 bǐjiào 비교적; 비교하다
吃不下 chī bu xià (더 이상) 먹을 수 없다
店 diàn 가게
告诉 gàosu ……에게 ……을/를 알리다
吃法 chīfǎ 먹는 법
皮 pí 껍질
脆 cuì 바삭바삭하다
全聚德 Quánjùdé 취안쥐더. 1864년에 개업한 베이징의 오리구이 전문 음식점
狗不理包子 Gǒubùlǐ bāozi
거우부리만두점. 1858년 톈진(天津)에서 출발한 레스토랑 체인

제5과

百货商场 bǎihuò shāngchǎng 백화점
陪 péi 모시다, 동반하다
售货员 shòuhuòyuán 점원, 판매원
随便 suí//biàn 마음대로
件 jiàn 옷(특히 윗옷)을 세는 양사. 벌, 장
衬衫 chènshān 셔츠, 와이셔츠
条 tiáo 강, 길, 끈, 바지 등 길고 가느다란 것을 세는 양사
牛仔裤 niúzǎikù 청바지
试 shì 시험 삼아 해 보다
种 zhǒng 사람이나 사물을 세는 양사. 종류
款式 kuǎnshì 스타일
受欢迎 shòu huānyíng 인기 있다, 환영을 받다
受 shòu 받다
瘦 shòu (몸매가) 마르다, 야위다; (옷 등이) 작다, 꼭 끼다
穿 chuān 입다
肥 féi 살지다; (옷 등이) 크다, 헐렁하다
让 ràng ……에게 ……하도록 시키다
正 zhèng 마침, 꼭, 딱
合适 héshì 알맞다, 적절하다
深 shēn 짙다, 깊다
浅 qiǎn 연하다, 얕다
浅色 qiǎnsè 연한 색
深色 shēnsè 진한 색
贵 guì 비싸다
抱歉 bàoqiàn 미안하다, 죄송하다
讲价 jiǎng//jià 가격을 흥정하다
白色 báisè 흰색
收银台 shōuyíntái 계산대
付 fù 지불하다

제6과

其中 qízhōng 그 중(에)
印象 yìnxiàng 인상
商业区 shāngyèqū 상업지구
应有尽有 yīngyǒu jìnyǒu 있어야 할 것은 빠짐 없이 갖추고 있다, 없는 것이 없다
大饱眼福 dàbǎo yǎnfú 보는 즐거움을 만끽하다
大饱口福 dàbǎo kǒufú 먹는 즐거움을 만끽하다
王府井 Wángfǔjǐng 왕푸징

제7과

伯父 bófù 백부, 큰아버지; 아저씨
伯母 bómǔ 백모, 큰어머니; 아주머니
邀请 yāoqǐng 초대하다
长 zhǎng 자라다, 생기다
挺 tǐng 매우, 꽤
帅 shuài 멋지다
过奖 guòjiǎng 과찬이십니다, 지나친 칭찬입니다
饿 è 배(가) 고프다
一边······一边······ yìbiān······ yìbiān······ ······하면서 ······하다
聊 liáo 한담하다, 잡담을 나누다
别 bié ······하지 마라
客气 kèqi 예의를 차리다, 정중하다, 사양하다
多 duō 많이
手艺 shǒuyì 솜씨
每 měi 매, ······마다
道 dào 요리 등을 세는 양사
可口 kěkǒu 맛있다, 입에 맞다
胖 pàng 뚱뚱하다, (살이) 찌다
衣服 yīfu 옷
快······了 kuài······le 곧 ······할 것이다
哎哟 āiyō (괴로움, 놀라움 등을 느꼈을 때 내는 소리) 아이고, 어이쿠, 어머나
离 lí 떠나다, 헤어지다
体贴 tǐtiē 자상하게 돌보다
父母 fùmǔ 부모
添 tiān 보태다, 더하다
少 shǎo 적다
麻烦 máfan 번거롭다; 번거로움
不好意思 bù hǎoyìsi 부끄럽다, 쑥스럽다, 미안하다
不过 búguò 그저 ······에 지나지 않다
顿 dùn 끼니를 세는 양사. 끼
而已 éryǐ ······일 뿐
做客 zuò//kè 손님이 되다, (남의 집에 손님이 되어) 방문하다
(一)家人 (yì)jiārén (한 집안) 식구, 가족
碗 wǎn 공기 그릇에 담긴 음식을 세는 양사. 그릇, 공기
饱 bǎo 배(가) 부르다

제8과

原来 yuánlái 원래; 알고 보니
这么 zhème 이렇게
那么 nàme 저렇게, 그렇게
热 rè 덥다, 뜨겁다
冷 lěng 춥다, 차갑다
好像 hǎoxiàng 마치 ······와/과 같다
比 bǐ ······에 비하여, ······보다
更 gèng 더욱
夏天 xiàtiān 여름
去年 qùnián 작년
气温 qìwēn 기온
高 gāo 높다
度 dù 온도의 단위. 도
糟糕 zāogāo 큰일나다
怕 pà 두렵다, 두려워하다, ······에 약하다
怎么办 zěnmebàn 어찌하다
订 dìng 예약하다
票 piào 표
为什么 wèishénme 왜
旺季 wàngjì 성수기
淡季 dànjì 비성수기
早 zǎo (시간적으로) 이르다; 일찍
晚 wǎn (시간적으로) 늦다
提醒 tíxǐng 주의를 환기시키다, 일깨우다
大雨 dàyǔ 큰비, 호우
闷热 mēnrè 무덥다, 후덥지근하다
首尔 Shǒu'ěr 서울
上海 Shànghǎi 상하이, 상해

제9과

后天 hòutiān 모레
售票员 shòupiàoyuán 매표원
空调 kōngtiáo 에어컨
特快 tèkuài 특급열차
卖完 mài wán 다 팔리다
卖 mài 팔다
完 wán 마치다, 끝나다
剩 shèng 남다
下 xià 동사의 동작이 위에서 아래로 향하는 것을 나타내는 단순 방향보어

动车 dòngchē 중국의 고속열차(한국의 KTX에 해당)
高速 gāosù 고속(의), 고속이다
多长 duō cháng 길이가 얼마입니까, 얼마나 깁니까
多 duō 얼마나
长 cháng 길다
左右 zuǒyòu 가량, 쯤
开 kāi (차량이나 기계 등을) 운전하다, 조종하다
开车 kāi//chē 운전하다
张 zhāng 종이 등과 같이 평평한 면을 가진 물건을 세는 양사. 장
二等 èr děng 이등
找 zhǎo (돈을) 거슬러 주다
本来 běnlái 본래, 원래
只好 zhǐhǎo ……하는 수 밖에 없다, 어쩔 수 없이 ……하다
要是 yàoshi 만약 ……이라면
……的话 ……dehuà (가정절의 끝에 쓰여서) ……하다면, ……이라면

제10과

跟 gēn ……와/과
一样 yíyàng 같다
以前 yǐqián 이전, 예전
夜景 yèjǐng 야경
美 měi 아름답다
对 duì ……에 대하여
城市 chéngshì 도시
感兴趣 gǎn xìngqù 흥미가 있다, 관심이 있다
兴趣 xìngqù 흥미, 재미
不但 búdàn ……뿐만 아니라
而且 érqiě 게다가
工商业 gōngshāngyè 상공업
所在地 suǒzàidì 소재지
如果 rúguǒ (가정절의 앞에 쓰여서) 만약
传统 chuántǒng 전통
瞧 qiáo 보다, 관찰하다
得 děi ……해야 한다
地方 dìfang 곳, 장소
越来越 yuèláiyuè 더욱 더
旧址 jiùzhǐ 옛터

东方明珠 Dōngfāng Míngzhū 둥팡밍주. 상하이 푸둥(浦东)에 있는 TV 방송탑
外滩 Wàitān 와이탄
大韩民国临时政府 Dàhánmínguó Línshí Zhèngfǔ 대한민국임시정부
临时 línshí 임시
政府 zhèngfǔ 정부
豫园 Yùyuán 위위안. 상하이에 있는 중국 전통 정원의 이름
李晶晶 Lǐ Jīngjing 리징징. 상하이 출신의 중국 여학생

제11과

公共汽车 gōnggòng qìchē 버스
出发 chūfā 출발하다
跑 pǎo 뛰다, 달리다
辆 liàng 자동차를 세는 양사. 대
末班车 mòbānchē (버스, 지하철 등의) 막차
首班车 shǒubānchē (버스, 지하철 등의) 첫차
上 shàng 동사의 동작이 아래에서 위로 향하는 것을 나타내는 단순 방향보어
坐不上 zuò bu shàng 탈 수 없다
回不了 huí bu liǎo 돌아갈 수 없다
过 guò 지나다, 경과하다
过去 guòqù 지나가다
玩儿 wánr 놀다
过瘾 guò//yǐn (취미, 흥미, 소일거리 등을) 실컷 하다, 만족할 정도로 하다
大后天 dàhòutiān 글피
送 sòng 보내다, 선물하다
礼物 lǐwù 선물
瓶 píng 병에 담긴 액체를 세는 양사. 병
酒 jiǔ 술
丝巾 sījīn 실크 스카프
月底 yuèdǐ 월말
底 dǐ 바닥, 끝, 말(末)
最后 zuìhòu 마지막, 최후, 가장 끝

제12과

热情 rèqíng 열정적이다, 친절하다
愿意 yuànyì 희망하다, ……하기를 바라다

导游 dǎoyóu 안내하다; 관광 가이드
著名 zhùmíng 저명하다
景点 jǐngdiǎn 명소
机会 jīhuì 기회
国内 guónèi 국내(의)
航班 hángbān (선박이나 비행기의) 운항편, 취항순서
南京路 Nánjīnglù 난징루
浦东机场 Pǔdōng Jīchǎng 푸둥공항
虹桥机场 Hóngqiáo Jīchǎng 훙차오공항

기타

消息 xiāoxi 뉴스, 소식
法语 Fǎyǔ 프랑스어
教室 jiàoshì 교실
句 jù 문장 혹은 시(詩)의 구절을 세는 양사
拿 ná (손으로) 들다, 집다
听 tīng 듣다
声音 shēngyīn 소리, 목소리
牛奶 niúnǎi 우유
骑 qí (말, 자전거 등 다리를 벌려서 타는 교통수단을) 타다
自行车 zìxíngchē 자전거
杂志 zázhì 잡지
出租车 chūzūchē 택시
人民币 rénmínbì 인민폐. 중국의 공식화폐
遍 biàn 어떤 동작이 처음부터 끝까지 행해지는 전과정을 하나의 단위로 세는 동량사. 번, 회
开会 kāi//huì 회의하다, 회의를 개최하다
生气 shēng//qì 화나다, 화내다
下课 xià//kè 수업을 마치다
词典 cídiǎn 사전
修理 xiūlǐ 수리하다, 고치다
早饭 zǎofàn 아침밥, 아침 식사
明年 míngnián 내년
马大哈 mǎdàhā 덜렁이, 멍청이
昨晚 zuówǎn 어제 저녁
中国现代文学 Zhōngguó Xiàndài Wénxué 중국 현대 문학
贡献 gòngxiàn 공헌하다, 기여하다
伤口 shāngkǒu 상처
书包 shūbāo 책가방
死 sǐ 죽다

爆发 bàofā 갑자기 발생하다, 느닷없이 일어나다
朝鲜战争 Cháoxiān Zhànzhēng 한국전쟁, 6.25전쟁
头 tóu 소나 돼지 등 가축을 세는 양사. 마리
摔 shuāi 넘어지다
倒 dǎo 쓰러지다
出差 chū//chāi 출장을 가다
意大利 Yìdàlì 이탈리아
餐厅 cāntīng 레스토랑
骂 mà 욕하다, 혼내다
孩子 háizi 아이, 어린이
黑 hēi 캄캄하다, 어둡다
忘 wàng 잊다
说话 shuō//huà 말하다
小心 xiǎoxīn 조심하다, 주의하다
钱包 qiánbāo 지갑
汽车 qìchē 자동차
自己 zìjǐ 자신
学生会 xuéshēnghuì 학생회
价格 jiàgé 가격, 값
痛快 tòngkuài 유쾌하다, 즐겁다
健康 jiànkāng 건강하다
为人 wéirén (사람의) 됨됨이
聪明 cōngming 똑똑하다
马虎 mǎhu 덤벙대다, 대충대충하다
中文书 Zhōngwénshū 중국어책
英文书 Yīngwénshū 영어책
爱 ài 사랑하다
天津 Tiānjīn 톈진, 천진
屋子 wūzi 방
地球 dìqiú 지구
出生 chūshēng 태어나다, 출생하다
本 běn 책을 세는 양사. 권
国家 guójiā 국가, 나라
外语 wàiyǔ 외국어
满 mǎn 가득 차다
放 fàng 놓아두다
桌子 zhuōzi 책상, 테이블
杯 bēi 컵에 담긴 음료를 세는 양사. 잔, 컵
所 suǒ 학교, 병원 등을 세는 양사
名人 míngrén 유명인사

半年 bànnián 반년
入学 rù//xué 입학하다
条 tiáo 동물을 세는 양사. 마리
小狗 xiǎogǒu 강아지
水 shuǐ 물
念 niàn 읽다, 공부하다
课文 kèwén 본문
伤心 shāng//xīn 슬퍼하다, 상심하다
客人 kèrén 손님
晚饭 wǎnfàn 저녁밥, 저녁 식사
淡 dàn (맛이) 담백하다, 싱겁다
裤子 kùzi 바지
汉字 Hànzì 한자
季节 jìjié 계절
笑 xiào 웃다
孩子们 háizimen 아이들, 어린이들
博物馆 bówùguǎn 박물관
参观 cānguān 참관하다
展览 zhǎnlǎn 전람회
要求 yāoqiú 요구하다
篇 piān 문장 등을 세는 양사. 편
看报 kàn//bào 신문을 읽다
唱歌 chàng//gē 노래를 하다
跳舞 tiào//wǔ 춤을 추다
锁 suǒ (열쇠로) 잠그다
门 mén 문, 도어
保重 bǎozhòng 몸조심하다, 건강에 주의하다
上车 shàng//chē 승차하다, 차에 타다
需要 xūyào 필요하다
补充 bǔchōng 보충하다
内容 nèiróng 내용
报纸 bàozhǐ 신문, 신문지
裙子 qúnzi 치마
蔬菜 shūcài 채소
苹果 píngguǒ 사과
小说 xiǎoshuō 소설
音乐 yīnyuè 음악
暖和 nuǎnhuo 따뜻하다
大 dà (나이가) 많다
座 zuò (산, 건물 등) 고정된 물체를 세는 양사. 채, 동
楼 lóu (이층 이상의) 건물

拳头 quántóu 주먹
儿子 érzi 아들
年轻 niánqīng 젊다
重 zhòng (무게가) 무겁다
上班 shàng//bān 출근하다
厘米 límǐ 센티미터(cm)
个子 gèzi 키
矮 ǎi (키가) 작다
楼 lóu 층
经常 jīngcháng 종종, 자주
叫 jiào 부르다
生词 shēngcí 새 단어
重要 zhòngyào 중요하다
记 jì 기억하다, 외우다, 적다, 기록하다
爬 pá 오르다, 등산하다
南山 Nánshān 남산
楼上 lóushang 2층 이상의 층, 위층
扔 rēng 버리다, 던지다
校车 xiàochē 스쿨버스
校门 xiàomén 교문
留 liú 남기다
肯定 kěndìng 틀림없이 ……할 것이다
同意 tóngyì 동의(하다), 찬성(하다)
取消 qǔxiāo 취소하다
过期 guò//qī 기한이 지나다
苦 kǔ 쓰다
不用 búyòng 필요 없다
放心 fàng//xīn 안심하다
生活 shēnghuó 생활(하다)
方便 fāngbiàn 편리하다
慢 màn (속도가) 느리다
釜山 Fǔshān 부산
法国菜 Fǎguócài 프랑스 요리
小时候 xiǎoshíhòu 어렸을 때, 어릴 때
成绩 chéngjì 성적
关心 guānxīn 관심(을 가지다)
吸烟 xī//yān 흡연하다, 담배를 피우다
流利 liúlì 유창하다
努力 nǔlì 열심히 하다; 노력하다
吵架 chǎo//jià 말다툼하다
停 tíng 멈추다, 정지하다

书法 shūfǎ 서예
经济 jīngjì 경제
湿 shī 습하다, 축축하다
日语 Rìyǔ 일어
公斤 gōngjīn 킬로그램(kg)
爱人 àiren 배우자
夫妇 fūfù 부부
……迷 ……mí ……마니아
地理 dìlǐ 지리
一切 yíqiè 모두
巧克力 qiǎokèlì 초콜릿
还是 háishi 그래도, 여전히
读 dú 읽다, 공부하다, (학교에) 다니다
外国人 wàiguórén 외국인
北京大学 Běijīng Dàxué 베이징대학
赶 gǎn (뒤)쫓다, 서두르다
水平 shuǐpíng 수준
关 guān (문, 창 등을) 닫다, (스위치 등을) 끄다
窗户 chuānghu 창문, 창
合 hé 닫다, 합치다
课本 kèběn 교과서
房门 fángmén 방문
拉 lā 당기다
窗帘 chuānglián 커튼
闭 bì 닫다
录 lù 녹음(녹화)하다
寒假 hánjià 겨울방학
照 zhào (사진, 영화를) 찍다
照片 zhàopiàn 사진
母亲节 Mǔqīn Jié 어머니날(5월 둘째 일요일)
电梯 diàntī 엘리베이터
台 tái 기계, 장치류를 세는 양사. 대
书本 shūběn 서적

MEMO

MEMO

1 您预订房间了没有? Nín yùdìng fángjiān le méiyǒu?

一. 발음 다지기 코너

1 발음과 성조에 주의하며, 녹음을 따라 읽어보시오.

fāshāo	hāqian
fánnǎo	hányì
fàncài	Hànyǔ
fángzi	hángyè
fēifán	hēibǎn
fénmù	hénjì
fēngjǐng	yǒnghéng
fójīng	huòzhě
fūfù	hūjiào
piāofú	húshuǐ

2 녹음을 듣고 성조 기호를 쓰시오.

(1) fuhe

(2) hufu

(3) fahui

(4) huihua

(5) hefa

(6) fanghong

(7) fuhe

(8) huafen

(9) huangfeng

(10) fenghuang

二. 듣기 다지기 코너

1 녹음을 잘 듣고 내가 타고 가는 교통수단과 목적지를 서로 맞게 연결하시오.

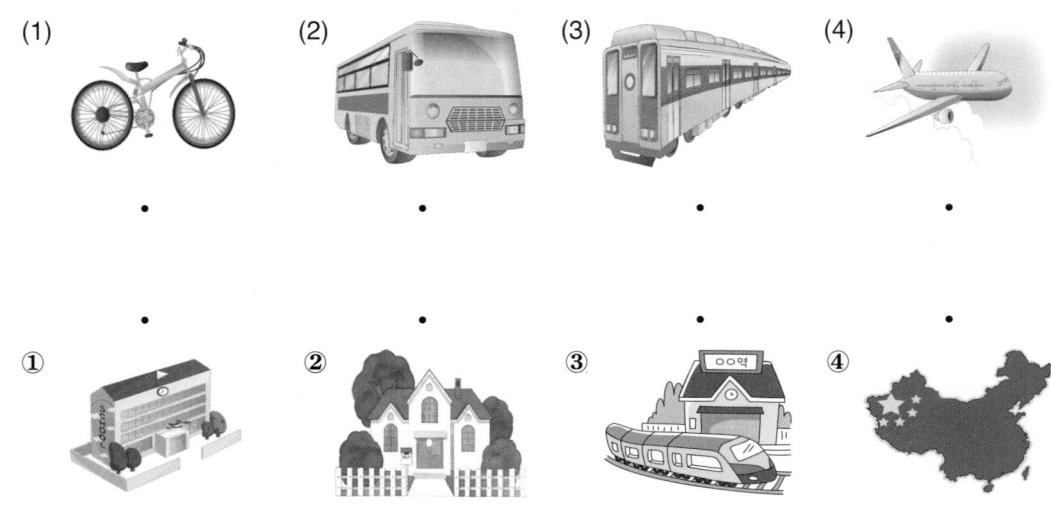

2 녹음을 잘 듣고 내가 가본 적이 있는 곳에는 'O', 가본 적이 없는 곳에는 'X'를 표시하시오.

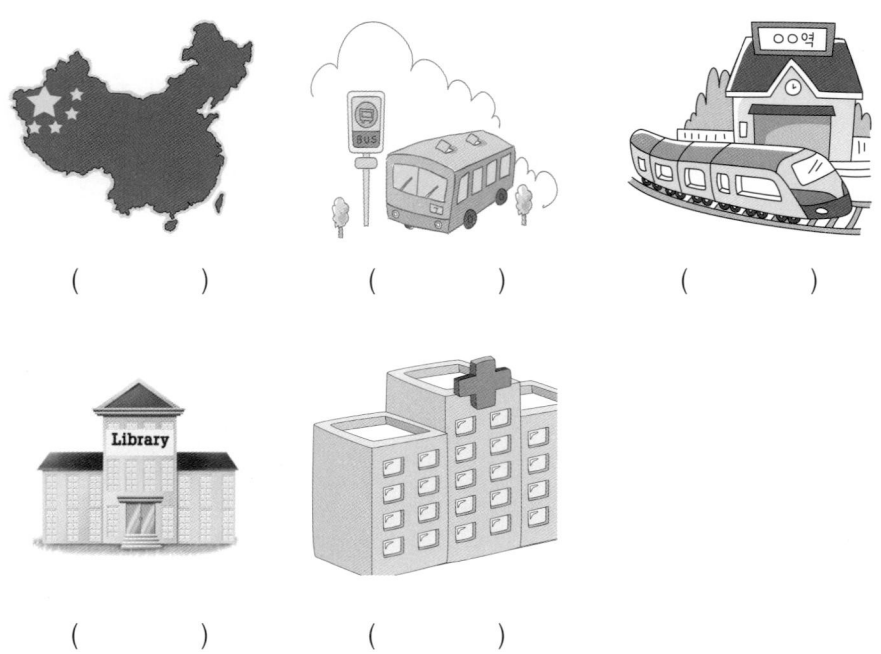

三. 단어 다지기 코너

중국어	한어병음	한국어 뜻
	huǒchēzhàn	기차역
	fúwùyuán	종업원
	fángjiān	방
钥匙		열쇠
机场		공항
空		비다
查	chá	
护照	hùzhào	
填	tián	

四. 한자 다지기 코너

1 아래 간체자를 따라 쓰시오.

务 wù	务	务				
临 lín	临	临				
单 dān	单	单				
查 chá	查	查				
照 zhào	照	照				

登 dēng	登	登				
钥 yào	钥	钥				
匙 shi	匙	匙				
宾 bīn	宾	宾				

2 중국어 문장을 따라 쓰시오.

您预订房间了没有?

我来查一查。

我坐大巴去了北京火车站。

那家宾馆正好有空房间。

2 我马上就去你那儿。 Wǒ mǎshàng jiù qù nǐ nàr.

一. 발음 다지기 코너

1 발음과 성조에 주의하며, 녹음을 따라 읽어보시오.

fùzá	jiātíng
zāngshuǐ	jiānghé
zǒngshì	kùnjiǒng
zuànshí	shìjuàn
zǎochen	jiǎobù
zǒu lù	báijiǔ
zūnjìng	jūnduì
zérèn	jiéshù
zǔxiān	jǔqǐ
zuìhòu	yīngjùn

2 녹음을 듣고 성조 기호를 쓰시오.

(1) canjia

(2) suzao

(3) xiezi

(4) secai

(5) sixiang

(6) jiucuo

(7) cengjing

(8) cenci

(9) jixu

(10) xuejiu

二. 듣기 다지기 코너

1 녹음을 잘 듣고 어떤 업체가 몇 층에 있는지 괄호 안에 해당하는 층수를 기입하시오.

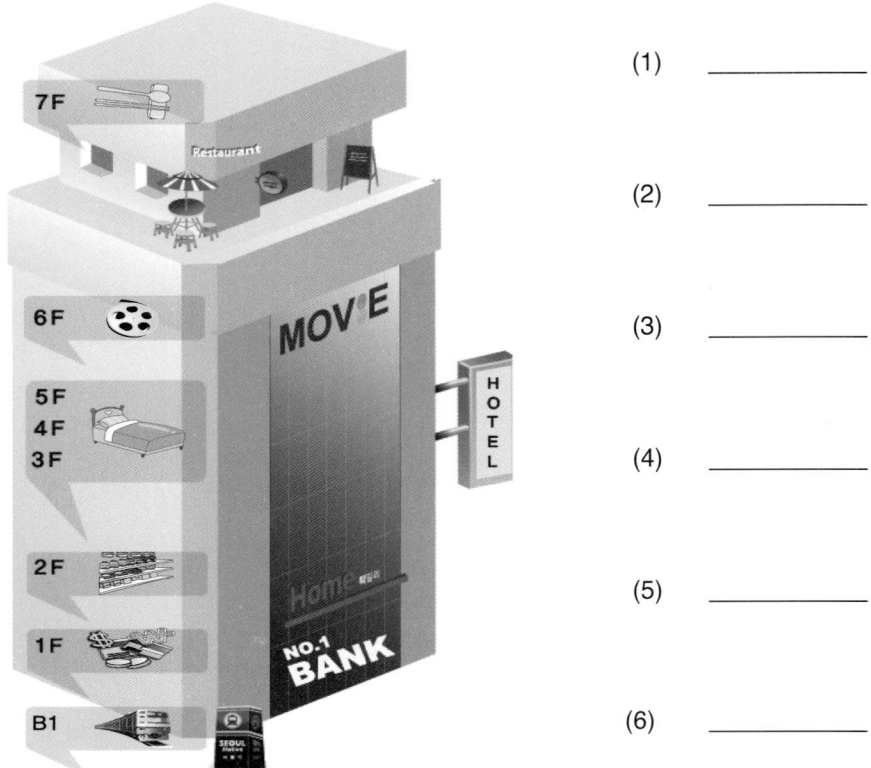

(1) _____

(2) _____

(3) _____

(4) _____

(5) _____

(6) _____

2 녹음을 잘 듣고 아래 빌딩의 각 층에 어떤 업체가 입주해 있는지 빌딩의 각 층에 직접 기입하시오.

三. 단어 다지기 코너

중국어	한어병음	한국어 뜻
	xǐshǒujiān	화장실
	yuē	약속하다
	duōyún	구름 많음
大前天		그저께의 전날, 그그저께
才		겨우, 비로소
空(儿)		틈, 짬, 겨를
马上	mǎshàng	
接	jiē	
好久不见	hǎojiǔ bújiàn	

四. 한자 다지기 코너

1 아래 간체자를 따라 쓰시오.

洗 xǐ	洗	洗					
手 shǒu	手	手					
接 jiē	接	接					
哎 āi	哎	哎					
前 qián	前	前					

② 我马上就去你那儿。 Wǒ mǎshàng jiù qù nǐ nàr.

才 cái	才	才				
马 mǎ	马	马				
云 yún	云	云				
约 yuē	约	约				

2 중국어 문장을 따라 쓰시오.

你一会儿再打吧。

他今天又来电话了。

你怎么今天才给我打电话呀?

我马上就去你那儿。

3 路上发生了一起交通事故。
Lùshang fāshēngle yì qǐ jiāotōng shìgù.

一. 발음 다지기 코너

1 발음과 성조에 주의하며, 녹음을 따라 읽어보시오.

sǎ shuǐ	xià chē
sàngshī	fāngxiàng
sēnlín	xīnxiān
sōngshù	xiōngdì
suànshù	xuǎnzé
sǎo dì	xiǎohái
sēngrén	xīngxing
sōusuǒ	xiūxi
suíbiàn	xúnzhǎo
yánsù	shùnxù

2 녹음을 듣고 성조 기호를 쓰시오.

(1) gancui

(2) suiyue

(3) cesuo

(4) canren

(5) fangzu

(6) zoulang

(7) pincou

(8) soucha

(9) cixu

(10) cusu

二. 듣기 다지기 코너

1 녹음을 잘 듣고 녹음의 내용이 맞는 쪽에 'ㅇ'를 표시하시오.

(1)　(　)　　(　)　　(2)　(　)　　(　)

(3)　(　)　　(　)　　(4)　(　)　　(　)

2 녹음을 잘 듣고 녹음의 내용과 그림이 맞으면 'ㅇ', 틀리면 'X'를 표시하시오.

(1)　(　　)　　　　(2)　(　　)

(3)　(　　)

三. 단어 다지기 코너

중국어	한어병음	한국어 뜻
	chídào	지각하다
	jiāotōng shìgù	교통사고
	chàdiǎnr	하마터면 ~할 뻔 하다
逛		한가롭게 거닐다, 구경하다
发生		발생하다
特别		특히, 유달리
时候	shíhou	
热闹	rènao	
转	zhuǎn	

四. 한자 다지기 코너

1 아래 간체자를 따라 쓰시오.

迟 chí	迟	迟					
通 tōng	通	通					
雄 xióng	雄	雄					
堵 dǔ	堵	堵					
嘛 ma	嘛	嘛					

❸ 路上发生了一起交通事故。 Lùshang fāshēngle yì qǐ jiāotōng shìgù.

热 rè	热	热				
闹 nào	闹	闹				
逛 guàng	逛	逛				
博 bó	博	博				

2 중국어 문장을 따라 쓰시오.

路上发生了一起交通事故。

我差点儿迟到了。

听汉语老师说毛主席纪念堂在这里。

上课的时候，老师给我们介绍过前门。

---

4 好吃是好吃，就是有点儿油腻。
Hǎochī shì hǎochī, jiùshì yǒudiǎnr yóunì.

一. 발음 다지기 코너

1 발음과 성조에 주의하며, 녹음을 따라 읽어보시오.

biànzi	piànzi
bízi	pízi
dùzi	tùzi
díduì	tíbāo
dàngcì	tántǔ
shāndǐng	bǐtǐng
tiánguā	kuājiǎng
guī bèi	kuī běn
gāntián	bàokān
kāiguān	kuānzhǎi

2 녹음을 듣고 성조 기호를 쓰시오.

(1) jiqing

(2) qipan

(3) shuiqu

(4) cixiu

(5) cuozi

(6) chongshua

(7) jiajiao

(8) chunben

(9) zhunque

(10) chandou

二. 듣기 다지기 코너

손님이 주문을 합니다. 주문하는 메뉴를 잘 듣고, 각 메뉴 뒤에 보이는 칸에 적절한 숫자를 기입하시오.

(1)

菜　单	
烤鸭	
面包	
炸鸡	
炸酱面	
包子	
蛋糕	
可乐	
咖啡	
水	
牛奶	
西瓜	

(2)

菜　单	
烤鸭	
面包	
炸鸡	
炸酱面	
包子	
蛋糕	
可乐	
咖啡	
水	
牛奶	
西瓜	

(3)

菜　单	
烤鸭	
面包	
炸鸡	
炸酱面	
包子	
蛋糕	
可乐	
咖啡	
水	
牛奶	
西瓜	

(4)

菜　单	
烤鸭	
面包	
炸鸡	
炸酱面	
包子	
蛋糕	
可乐	
咖啡	
水	
牛奶	
西瓜	

(5)

菜　单	
烤鸭	
面包	
炸鸡	
炸酱面	
包子	
蛋糕	
可乐	
咖啡	
水	
牛奶	
西瓜	

(6)

菜　单	
烤鸭	
面包	
炸鸡	
炸酱面	
包子	
蛋糕	
可乐	
咖啡	
水	
牛奶	
西瓜	

三. 단어 다지기 코너

중국어	한어병음	한국어 뜻
	yóunì	느끼하다
	yōujiǔ	유구하다
	gǎitiān	다른 날, 다음 기회에
比较		비교적, 비교하다
菜单		차림표, 메뉴
尝		맛보다
告诉	gàosu	
点	diǎn	
就是	jiùshì	

四. 한자 다지기 코너

1 아래 간체자를 따라 쓰시오.

稍 shāo	稍	稍				
尝 cháng	尝	尝				
腻 nì	腻	腻				
除 chú	除	除				
悠 yōu	悠	悠				

④ 好吃是好吃，就是有点儿油腻。 Hǎochī shì hǎochī, jiùshì yǒudiǎnr yóunì.

改 gǎi	改	改				
较 jiào	较	较				
脆 cuì	脆	脆				
聚 jù	聚	聚				

2 중국어 문장을 따라 쓰시오.

烤鸭好吃是好吃，就是有点儿油腻。

前门的这家是一八六四年开业的。

除了全聚德以外，还有哪些历史悠久的美食店呢?

太饱了，已经吃不下了。

5 让我看看。 Ràng wǒ kànkan.

一. 발음 다지기 코너

1 발음과 성조에 주의하며, 녹음을 따라 읽어보시오.

lìjí	Rìběn
jīlèi	jiānruì
lóngzhòng	róngchǒng
gōnglù	chūrù
luǎncháo	ruǎnruò
Lǔguó	rúguǒ
lùndiǎn	rùnnián
jiǎoluò	jiǎruò
kuàilè	yuányè
bōlàng	qiānràng

2 녹음을 듣고 성조 기호를 쓰시오.

(1) ganke

(2) bukao

(3) diao yu

(4) huran

(5) kunao

(6) outu

(7) nuhuo

(8) juzhu

(9) mulu

(10) maolü

二. 듣기 다지기 코너

1 녹음을 잘 듣고 둘 중 해당하는 쪽에 'ㅇ'를 표시하시오.

(1) (   )   (   )   (2) (   )   (   )

(3) (   )   (   )   (4) (   )   (   )

2 녹음을 잘 듣고 사고 싶어하는 물건의 기호, 수량을 언급한다면 물건의 수량까지 표시하시오.

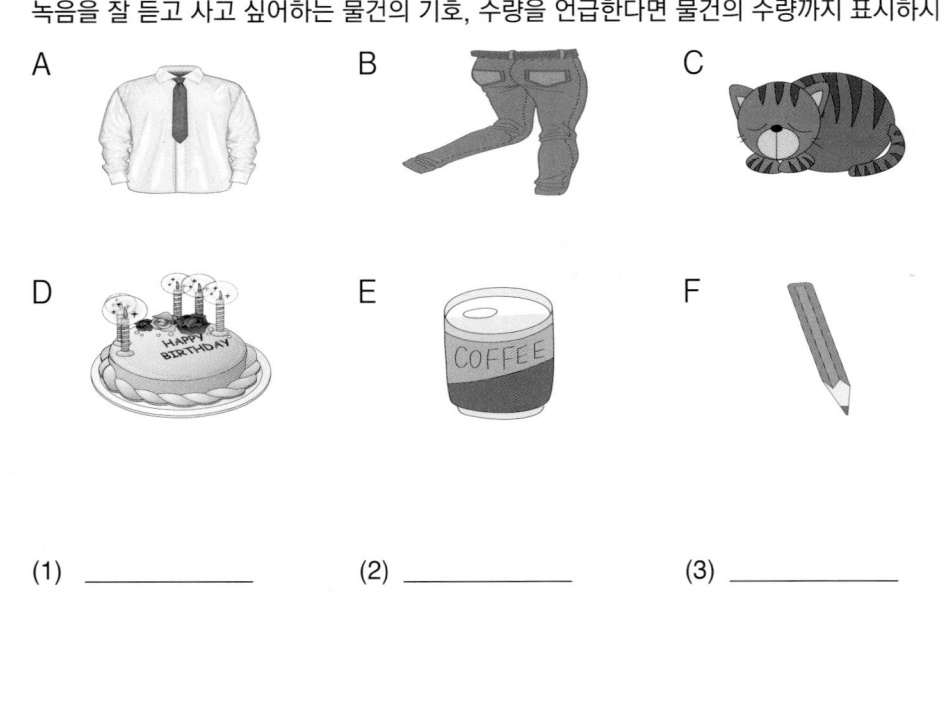

(1) _____   (2) _____   (3) _____

(4) _____   (5) _____   (6) _____

三. 단어 다지기 코너

중국어	한어병음	한국어 뜻
	péi	모시다, 동반하다
	chuān	입다
	guì	비싸다
付		지불하다
牛仔裤		청바지
随便		마음대로
衬衫	chènshān	
款式	kuǎnshì	
合适	héshì	

四. 한자 다지기 코너

1 아래 간체자를 따라 쓰시오.

货 huò	货	货				
场 chǎng	场	场				
随 suí	随	随				
衬 chèn	衬	衬				
裤 kù	裤	裤				

⑤ 让我看看。 Ràng wǒ kànkan.

瘦 shòu	瘦	瘦				
款 kuǎn	款	款				
歉 qiàn	歉	歉				
陪 péi	陪	陪				

2 중국어 문장을 따라 쓰시오.

我陪你一起去百货商场。

你让我看看。

这件不大不小，正合适。

我问售货员多少钱。

7 咱们一边吃一边聊吧。
Zánmen yìbiān chī yìbiān liáo ba.

一. 발음 다지기 코너

1 발음과 성조에 주의하며, 녹음을 따라 읽어보시오.

gǔlì	júzi
fǔkàn	ěrduo
wùhuì	chūhuì
mǔqīn	gēqǔ
chūzū	húxū
lùrù	lǚlì
hēhù	hùzhù
shǔyú	chéngshú
shùshāo	xiǎnde
niǎoshēng	niǎoyǐng

2 녹음을 듣고 성조 기호를 쓰시오.

(1) loudou

(2) shenglüe

(3) zuoyou

(4) sousuo

(5) yuehui

(6) riyue

(7) guoshi

(8) liegou

(9) juexin

(10) zhuona

二. 듣기 다지기 코너

1 녹음을 잘 듣고 녹음의 내용과 어울리는 그림을 두 개씩 고르시오.

A    B    C

D    E    F

(1) ____, ____   (2) ____, ____   (3) ____, ____   (4) ____, ____   (5) ____, ____

2 녹음을 잘 듣고 녹음의 내용과 어울리는 그림에 'ㅇ'를 표시하시오.

(1) 　　

　　(　　)　　　(　　)　　　(　　)

(2) 　　

　　(　　)　　　(　　)　　　(　　)

(3) 　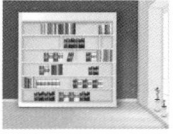　

　　(　　)　　　(　　)　　　(　　)

三. 단어 다지기 코너

중국어	한어병음	한국어 뜻
	shuài	멋지다
	zhǎng	자라다, 생기다
	è	배(가) 고프다
别		~하지 마라
胖		뚱뚱하다, (살이) 찌다
体贴		자상하게 돌보다
麻烦	máfan	
饱	bǎo	
手艺	shǒuyì	

四. 한자 다지기 코너

1 아래 간체자를 따라 쓰시오.

邀 yāo	邀	邀				
挺 tǐng	挺	挺				
帅 shuài	帅	帅				
奖 jiǎng	奖	奖				
饿 è	饿	饿				

7 咱们一边吃一边聊吧。 Zánmen yìbiān chī yìbiān liáo ba.

艺 yì	艺	艺				
哟 yō	哟	哟				
贴 tiē	贴	贴				
顿 dùn	顿	顿				

2 중국어 문장을 따라 쓰시오.

咱们一边吃一边聊吧。

多吃点儿。

每道菜都可口好吃。

这有什么，不过是一顿饭而已。

8 今年夏天比去年夏天热。
Jīnnián xiàtiān bǐ qùnián xiàtiān rè.

一. 발음 다지기 코너

1 발음과 성조에 주의하며, 녹음을 따라 읽어보시오.

quétuǐ	luóliè
jǐncòu	xuèyè
kòuzi	nüèdài
fànguō	shuǐgōu
duǒcáng	juéxǐng
kùdōu	xuēzi
kōudòng	juéjiàng
tǐmiàn	hòumiàn
tiěbàng	gōngfu
huángjīn	chī jīng

2 녹음을 듣고 성조 기호를 쓰시오.

(1) mocheng

(2) rujin

(3) fanxing

(4) xiangdui

(5) yangwang

(6) yaoyao

(7) yuzhui

(8) yinghuochong

(9) jingji

(10) menghuan

二. 듣기 다지기 코너

1 녹음을 잘 듣고 녹음의 내용과 그림이 어울리면 'ㅇ', 어울리지 않으면 'Ⅹ'를 표시하시오.
(※ 그림의 좌우는 문제를 푸는 사람을 기준으로 한다.)

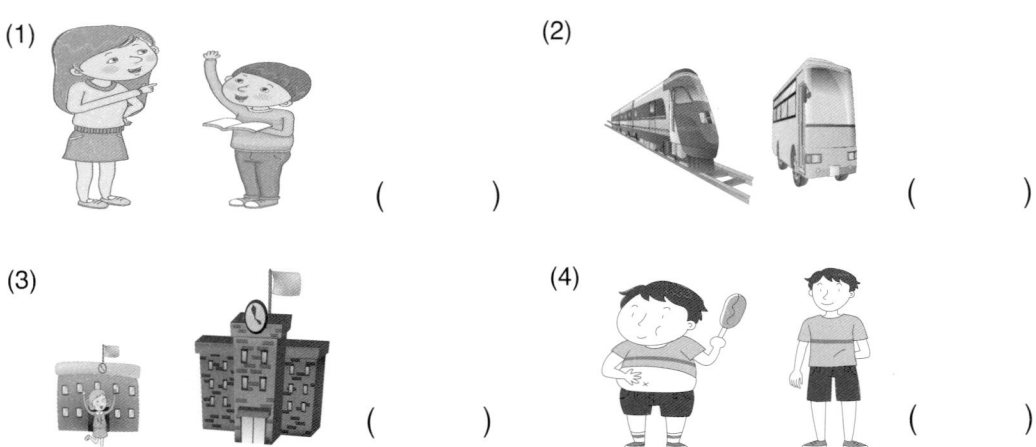

2 녹음을 잘 듣고 그림 속에서 '나'를 찾아서 'ㅇ'를 표시하시오.

3 녹음을 잘 듣고 녹음의 내용을 정확하게 전달하도록 그림의 나머지를 완성하시오.

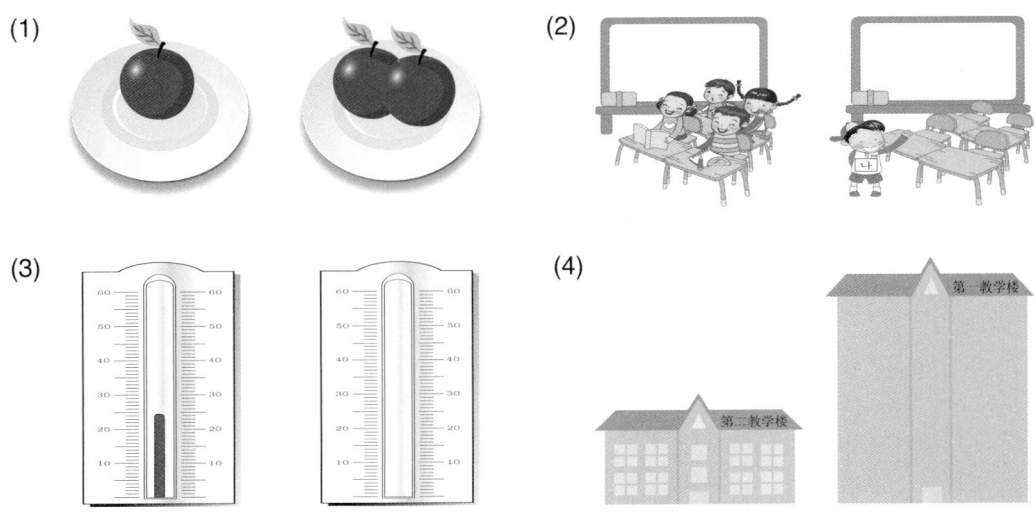

三. 단어 다지기 코너

중국어	한어병음	한국어 뜻
	hǎoxiàng	마치 ~와/과 같다
	dìng	예약하다
	tíxǐng	주의를 환기시키다, 일깨우다
闷热		무덥다, 후덥지근하다
高		높다
糟糕		큰일나다
怕	pà	
比	bǐ	
夏天	xiàtiān	

四. 한자 다지기 코너

1 아래 간체자를 따라 쓰시오.

原 yuán	原	原				
温 wēn	温	温				
糟 zāo	糟	糟				
提 tí	提	提				
怕 pà	怕	怕				

8 今年夏天比去年夏天热。 Jīnnián xiàtiān bǐ qùnián xiàtiān rè.

季 jì	季	季				
醒 xǐng	醒	醒				
闷 mēn	闷	闷				
尔 ěr	尔	尔				

2 중국어 문장을 따라 쓰시오.

北京原来就这么热吗?

北京比首尔更热。

上海没有北京这么热。

你要早点儿订票。

9 特快票卖完了。 Tèkuài piào mài wán le.

一. 발음 다지기 코너

1 발음과 성조에 주의하며, 녹음을 따라 읽어보시오.

xiǎomāor   xiǎohóur
hàomǎr   dǎqiúr
cháhúr   xiǎoniūr
jùchǐr   xiǎochīr
guǒzhīr   táicír
yúcìr   guāzǐr
huángpáir   xiǎoháir
liáo tiānr   yìdiǎnr
huà quānr   guǎiwānr
bíliángr   huāyàngr

2 녹음을 듣고 성조 기호를 쓰시오.

(1) bandengr

(2) mashengr

(3) huapingr

(4) chou kongr

(5) jiuzhongr

(6) yanjingr

(7) danqingr

(8) zhuganr

(9) zhaopianr

(10) hubianr

二. 듣기 다지기 코너

1 녹음을 잘 듣고 내가 어디로 움직여야 하는지 올바른 방향을 화살표로 표시하시오.

(1)  (2)

(3)  (4)

2 녹음을 잘 듣고 그림 속에서 '나'를 찾아서 '○'를 표시하시오.

(1)  (2)

(3)  (4)

三. 단어 다지기 코너

중국어	한어병음	한국어 뜻
	hòutiān	모레
	kōngtiáo	에어컨
	shèng	남다
找		(돈을) 거슬러 주다
只好		~하는 수 밖에 없다, 어떨 수 없이 ~하다
高速		고속(의), 고속이다
左右	zuǒyòu	
本来	běnlái	
卖	mài	

四. 한자 다지기 코너

1 아래 간체자를 따라 쓰시오.

调 tiáo	调	调					
卖 mài	卖	卖					
完 wán	完	完					
剩 shèng	剩	剩					
特 tè	特	特					

9 特快票卖完了。 Tèkuài piào mài wán le.

速 sù	速	速				
售 shòu	售	售				
后 hòu	后	后				
空 kōng	空	空				

2 중국어 문장을 따라 쓰시오.

你要哪种票?

特快票已经卖完了。

剩下的只有动车和高速动车。

我只好买了动车票。

10 我跟你一样。 Wǒ gēn nǐ yíyàng.

一. 발음 다지기 코너

1 발음과 성조에 주의하며, 녹음을 따라 읽어보시오.

liǎng kuài	liángkuai
Hànzì	hànzi
yīnjié	yīnjiē
gàosù	gāosù
Běijīng	bèijǐng
jiè shū	jiéshù
xiězuò	xiézuò
tóngshí	tóngshì
cíwěi	cìwei
shìshí	shìshì

2 녹음을 듣고 성조 기호를 쓰시오.

(1) shoutao

(2) shoutao

(3) chengwei

(4) chengwei

(5) didao

(6) lihai

(7) zhuozi

(8) zhuozi

(9) mutou

(10) jinshi

二. 듣기 다지기 코너

녹음을 잘 듣고 녹음의 내용이 맞으면 'o', 맞지 않으면 'X'를 표시하시오.

 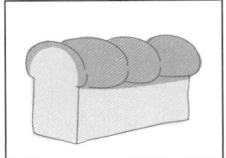  

 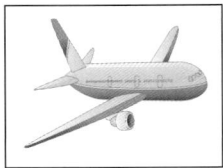  

 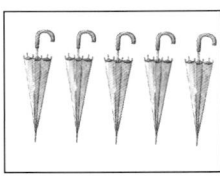  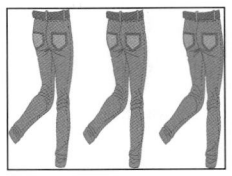

(1)　(　　　　)　　　　　　　　(2)　(　　　　)

(3)　(　　　　)　　　　　　　　(4)　(　　　　)

(5)　(　　　　)　　　　　　　　(6)　(　　　　)

(7)　(　　　　)　　　　　　　　(8)　(　　　　)

(9)　(　　　　)　　　　　　　　(10)　(　　　　)

三. 단어 다지기 코너

중국어	한어병음	한국어 뜻
	yǐqián	이전, 예전
	yèjǐng	야경
	duì	~에 대하여
感兴趣		흥미가 있다, 관심이 있다
越来越		더욱 더
所在地		소재지
地方	dìfang	
传统	chuántǒng	
旧址	jiùzhǐ	

四. 한자 다지기 코너

1 아래 간체자를 따라 쓰시오.

滩 tān	滩	滩				
夜 yè	夜	夜				
府 fǔ	府	府				
感 gǎn	感	感				
趣 qù	趣	趣				

传 chuán	传	传				
越 yuè	越	越				
瞧 qiáo	瞧	瞧				
豫 yù	豫	豫				

2 중국어 문장을 따라 쓰시오.

我跟你一样，以前没来过。

我来中国以前就对上海很感兴趣。

上海不但是中国最大的工商业城市，
而且也是大韩民国临时政府的所在地。

我得去的地方越来越多了。

11 要是坐不上，就回不了家了。
Yàoshi zuò bu shàng, jiù huí bu liǎo jiā le.

一. 발음 다지기 코너

1 발음과 성조에 주의하며, 녹음을 따라 읽어보시오.

jùzi	jùzī
shíjiān	shíjiàn
bàochóu	bàochou
yǎnjìng	yǎnjing
liánzǐ	liánzi
tóngzhì	tǒngzhì
wúlì	wǔlì
jiājū	jiājù
chóushì	chǒushì
dúqì	dǔ qì

2 녹음을 듣고 성조 기호를 쓰시오.

(1) tangshao

(2) kesou

(3) fentou

(4) kuanghuan

(5) linbie

(6) bendan

(7) tangdao

(8) dibu

(9) linse

(10) kuanggong

二. 듣기 다지기 코너

1 녹음을 잘 듣고 녹음의 내용과 어울리는 그림에 'O'를 표시하시오.

(1)

   (   )   (   )

(2)

   (   )   (   )

(3)

昨天	今天	明天
星期一	星期二	星期三

昨天	今天	明天
星期二	星期三	星期四

   (   )   (   )

2 녹음을 잘 듣고 서로 관련 있는 그림끼리 연결하시오.

(1)  (2)  (3)  (4)  (5)

①  ②  ③  ④  ⑤

三. 단어 다지기 코너

중국어	한어병음	한국어 뜻
	gōnggòng qìchē	버스
	pǎo	뛰다, 달리다
	lǐwù	선물
酒		술
丝巾		실크 스카프
过瘾		(취미, 흥미, 소일거리 등을) 실컷 하다, 만족할 정도로 하다
过	guò	
末班车	mòbānchē	
回不了	huí bu liǎo	

四. 한자 다지기 코너

1 아래 간체자를 따라 쓰시오.

丝 sī	丝	丝				
巾 jīn	巾	巾				
辆 liàng	辆	辆				
班 bān	班	班				
瘾 yǐn	瘾	瘾				

⑪ 要是坐不上，就回不了家了。 Yàoshi zuò bu shàng, jiù huí bu liǎo jiā le.

送 sòng	送	送				
礼 lǐ	礼	礼				
瓶 píng	瓶	瓶				
酒 jiǔ	酒	酒				

2 중국어 문장을 따라 쓰시오.

他们一定要坐上那辆公共汽车。

要是坐不上，就回不了家了。

我想给爸爸买一瓶中国酒。

你们马上就要回北京去了。